우리가 살고 싶은 나라

우리가 살고 싶은 나라

진태원 엮음

그린비

차례

〈우리가 살고 싶은 나라〉라는 화두는 한편으로 세월호 참사를 통해 희생된

수많은 넋들을 애도하면서 다른 한편으로 대한민국이라는 정치공동체의 구성원인 우리가

이제 몰락해 가는 한국 사회의 현실에 직면하여 추구해야 할 공동의 가치는 어떤 것이며,

이러한 가치에 기반을 둔 공공의 것(res publica)은 무엇인가에 관한 질문을 담고 있다.

서론

진태원

고려대학교 민족문화연구원(이하 "민연"으로 약칭) HK연구단 내 〈우리가 살고 싶은 나라〉 기획연구팀이 구성된 것은 지금부터 2년 전인 2015년 6월이었다.

그것은 다소 우연적인 계기로 시작되었다. 민연 조성택 원장은 2015년 3월 신임 원장으로 부임한 뒤 4월 초에 열린 공식 회식 자리에서 나에게 한 가지 제안을 했다. 2016년 4월이면 세월호 참사 2주기가 되는 시기인데, 민연도 학술연구기관으로서 뭔가 뜻깊은 학술행사를 한 번 해야 하지 않겠느냐는 제안이었다. 그 제안에는 참사가 일어난 지 1년 여의 시간이 지나면서 정권의 탄압 속에 사람들의 관심이 점점 옅어지는데, 그것을 그냥 수수방관할 수 없다는 뜻이 담겨 있었다.

세월호 참사를 애도하면서 우리 사회의 변화와 발전을 모색하기 위한 학술 연구팀을 내가 맡아 줬으면 좋겠다는 이 제안을 받고 잠깐 생각을 한 뒤, 나는 조 원장에게 역으로 다음과 같이 제안했다. "그러시면 연구 모임의 주제를 〈우리가 살고 싶은 나라〉로 하시면 어떻겠습니까?" 이러한 제안을 그가 흔쾌히 받아 주었고, 민연 내부 구성원들의 의견 수렴 과정을 거쳐 6월부터 〈우리가 살고 싶은 나라〉 기획연구팀이 꾸려졌다.

***

내가 기획연구팀의 이름을 〈우리가 살고 싶은 나라〉로 제안을 한 것은 2014년 4월 16일 세월호가 침몰되고 나서 일주일쯤 뒤 광화문에서 열린 집회가 계기가 되었다. 세월호 피해자 대책위원회 주최로 열린 집회였는데, 거기에서 예은 아빠로 우리한테 잘 알려진 유경근 씨가 다음과 같은 취지의 발언을 했다. 지금 세월호처럼 대한민국도 침몰하고 있다, 침몰하고 있는 대한민국을 우리 국민이 나서서 구하지 않으면 대한민국이라는 나라는 세월호처럼 영원히 침몰할 것이다, 이제 대한민국을 우리가 살고 싶은 나라, 영원히 우리가 살아갈 수 있는 그런 나라로 만들어야 한다. 내게는 몇 가지 이유에서 이 연설이 매우 인상적이었다.

우선 그 당시는 세월호 참사가 일어난 지 일주일밖에 안 된 시점이었다. 그러니까 웬만한 부모들 같으면 자기 자식, 가족, 피해자에 대한 근심과 슬픔, 절망 등으로 온 정신이 사로잡혀 있을 시기인데, 세월호 유가족들, 당시에는 피해자 가족들이 세월호 사건을 우리나라 전체의 장래와 연결시켜 생각하고 새로운 나라를 만들 것을 국민들에게 호소하는 게 굉장히 인상 깊고 가슴에 와닿았다. 나에게는 유경근 씨가 제안한 우리가 살고 싶은 나라를 만들어야 한다는 그 말이 모든 시민, 특히 지식인들에게 세월호 유가족이 전하는 하나의 메시지이자 호명으로 들렸고, 마땅히 이러한 호명에 응답을 해야 한다고 생각했다.

또 다른 이유는 현재 우리 사회가 한국 현대사에서 하나의 거대한 분수령에 놓여 있다는 생각이었다. 영국의 사회학자 지그문트 바우만은 현 시대를 인터레그넘(interregnum)의 시대로 규정한 바 있다. 로마법에서 이 용어는 원래 지금까지 통치하던 왕이 사망했는데 아직 새로운 왕이 즉위하기 이전의 기간을 의미했다. 일종의 정권 이행기, 공위기(空位期)라는 뜻이다. 이 용어에 단순한 정권 이행기라는 뜻을 넘어 포괄적인 사회정치적 격변기라는 의미를 부여한 것은 이탈리아의 마르크스주의자였던 안토니오 그람시였다.

바우만 자신은 세계화 시대를 인터레그넘의 시대로 규정했다. 세계화는 영토·국민(또는 인구)·주권에 기반을 둔 국민국가 중심의 질서를 해체했는데, 우리는 아직 그 대안적 질서를 찾지 못하고 있기 때문이다. 세계시장과 자본의 권력이 오늘날 사회적·개인적인 삶에 막강한 영향을 미치고 있음에도, 국민국가의 정치적 제도 및 그것이 대표하는 국민의 주권적 힘은 이를 전혀 제어하지 못하고 있는 것이다.

민연의 〈우리가 살고 싶은 나라〉 연구팀은 바우만과는 조금 다른 관점에서 한국인들 역시 인터레그넘의 시기, 곧 역사의 거대한 분수령을 맞고 있다는 데 의견이 일치했다. 1945년 해방될 무렵만 해도 세계에서 가장 가난한 나라 중 하나였고, 전쟁의 폐허와 빈곤의 공포에 시달리던 나라가 지난 70여 년 동안 세계 10위권의 경제 대국으로 성장했으니, 지난 한국 현대사는 참으로 기적과 같은 역사였다고 할 수 있다. 하지만 언론에서 크게 보도된 바 있듯이, 이러한 현대사의 성취가 무색하게도 최근 몇 년 사이에 우리나라에서는 '갑질 공화국', '헬조선', '망한민국', '금수저·흙수저' 같은 혐오담론이 유행하고 있다. 당시 새누리당 대표는 이를 일부 철없는 젊은이들이 그릇된 역사관으로 인해 갖게 된 잘못된 생각에 불과하다고 일축한 바 있지만, 과연 그러한가?

이러한 혐오담론은 오히려 대한민국의 암울한 현실에 대한 절망의 표현이다. 사실 다음과 같은 통계 지표들이 이를 단적으로 보여 준다. OECD(경제협력개발기구) 회원국 중 11년 연속 자살율 1위, 노인빈곤율 1위, 의료비 증가율 1위, 저임금 근로자 비율 2위, 임금 불평등 비율 3위, 삶의 만족도 36개국 중 29위, 국민총생산(GDP) 대비 복지비율 최하위, 출산율 최하위……. 이것은 다른 나라 이야기가 아니다. 2013년 '국민행복정부'를 표방하면서 출범한 박근혜 정부 하의 대한민국 이야기다. 이러한 지표들은 지난 70여 년 동안 우리나라 국민들이 피땀 흘려 이룩한 역사가 이제는 모두 수포로 돌아갈 위험에 처해 있지 않은가 하는 불안감을 자아낼 수밖에 없다.

그런데 돌이켜 생각해 본다면, 이는 바로 지난 70년 한국 현대사의 이면이라고 할 수 있다. 곧 잘 먹고 잘 사는 것 하나만을 유일한 가치로

숭앙해 온 경제성장 제일주의의 필연적 결과가 바로 이것 아닌가? 실로 정치공동체라는 말이 무색하게도 지금까지 대한민국에는 먹고사는 것 하나 말고는 공동의 가치라는 것이 존재한 적이 없다. 오직 나 하나, 우리 가족, 우리 집단이 잘 먹고 잘 사는 것을 최고의 가치로 섬겨 왔을 뿐이다. 그리고 신자유주의 체제는 이러한 각자도생의 논리를 사회 전체로 확산시키고 있다.

더욱이 박근혜 정권 하에서 점차 증대한 빈부격차, 인권과 시민권의 축소, 남북 관계의 악화에 더하여 계속 노골화되는 공안통치로 인해 우리나라는 유신 시대로 되돌아갈 것인가 아니면 자유와 평등, 평화와 생명의 가치에 기반을 둔 민주주의적 공동체를 건설할 것인가라는 두 가지 선택지 사이에 직면해 있다는 것, 이것이 바로 내가 유경근 씨의 연설에서 깊은 인상을 받은 또 다른 이유였다.

따라서 〈우리가 살고 싶은 나라〉라는 화두는 한편으로 세월호 참사를 통해 희생된 수많은 넋들을 애도하면서 다른 한편으로 대한민국이라는 정치공동체의 구성원인 우리가 이제 몰락해 가는 한국 사회의 현실에 직면하여 추구해야 할 공동의 가치는 어떤 것이며, 이러한 가치에 기반을 둔 공공의 것(res publica)은 무엇인가에 관한 질문을 담고 있다. 우리 사회의 다른 시민들과 더불어 이러한 물음을 던지고, 그에 대한 답변을 공동으로 모색하자는 것이 우리 연구팀의 기본적인 목표였다.

이렇게 해서 시작된 〈우리가 살고 싶은 나라〉 연구팀은 우리 사회의 저명한 학술 연구자, 원로 지식인, 활동가 등을 초빙하여 2015년 2학기부터 2016년 1학기까지 매주 〈월요모임 포럼〉이라는 공개 강연회를 개최했다. 이 강연회는 정치, 경제, 복지, 사회, 한미관계, 환경, 도시, 여성, 인권, 세월호, 서울-지방 관계 등과 같은 여러 분야에 걸쳐 우리 사회가 직면해 있는 주요 문제들을 살펴보고 토론하기 위한 자리였다. 이 강연회에 대한 높은 호응에 힘을 얻어 이를 조금 더 많은 이들과 공유하기 위해 2016년 1월부터 8월까지 『한겨레신문』과 공동 기획으로 〈우리가 살고 싶은 나라〉라는 제목 아래 격주로 기획연재를 진행했다. 당시 신문에 연재했던 글과 이 연재에서 빠진 부분을 보충하기 위해 새로 추가한 몇 편의 원고가 이 책의 전반부를 이루고 있다.

***

하지만 민연에서 〈월요모임 포럼〉을 진행하고 『한겨레신문』에 연재를 처음 시작할 때만 해도, 과연 우리가 시작한 이 학술 활동이 얼마나 사회적 반향을 얻게 될지, 그리하여 우리 연구 팀 제목이 가리키듯이 "우리가 살고 싶은 나라"를 만드는 데 얼마나 기여하게 될지 무척 막막하고 가능성이 잘 보이지 않았다. 심지어 〈월요모임 포럼〉에 강연자로 참석한 한 원로 학자조차 '뜻은 좋지만 제대로 되기 어려울 것'이라며, 〈우리가 살고 싶은 나라〉 활동에 대해 비관적인 전망을 내놓았다. 그럴 만한 것이 2016년 4월 총선 전까지 우리 기획 연구팀이 만난 거의 모든 사람들이, 그리고 민연의 우리 자신도, 당시의 박근혜 정권 및 새누리당이 장기 집권을 이어가리라는 암담한 전망에 사로잡혀 있었기 때문이다.

그러나 당시에는 짐작하지 못했지만, 어둡고 절망적인 분위기의 이면에서 이심전심 많은 사람들의 의지와 열망이 이어지고 있었고, 그것은 곧 총선에서 집권 새누리당의 패배라는 놀라운 결과를 낳았다. 하지만 그 놀라움은 작년 10월 이후 올해 3월까지 전국에서 뜨겁게 타오른 촛불 민심에 비하면 아무것도 아니었다. 단일 집회로는 역사상 최대 인파인 230만 명이 모였다고 하는 2016년 12월 3일 촛불집회를 비롯하여 20여 차례 촛불집회 기간 동안 1,500만 명이 넘는 시민들이 모여 대통령 탄핵과 관련자 처벌, 새로운 나라 건설의 열망을 외쳤다.

이번 촛불집회는 단지 규모만이 아니라 여러 측면에서 한국 현대사의 새로운 이정표가 되었다고 할 수 있다. 6개월 가까이 장기간 지속된 집회 기간 내내 한 사람의 사상자도 발생하지 않은 평화 집회가 이어졌고 각계각층 다양한 시민들이 가족, 친구, 직장, 지역, 동창, 연인, 또는 '혼참러'(혼자서 집회에 참석한 사람을 일컫는 말) 방식으로 참여했다. 문화제 형태의 부드럽고 대중적인 집회 형태가 기조를 이루었지만, 대통령 (하야 또는) 탄핵이라는 구호는 뜨겁게 지속되었다. 그 결과 역사상 처음으로 2017년 3월 10일 헌법재판소에서 대통령 탄핵이 만장일치로 인용되었으며, 5월 9일 새로운 대통령이 선출됨으로써 '촛불혁명'이라고 불리는 시민들의 거대한 열망은 첫번째 결실을 맺게 되었다.

촛불집회 와중에 우리 연구팀은 또 하나의 학술모임을 기획했다. 촛불집회를 통해 드러난 우리 사회 평범한 시민들의 뜨거운 변화의 열망을 이어받아 〈우리가 살고 싶은 나라〉 기획을 조금 더 구체적으로 탐구해 보기 위한 학술대회였다. 3월 23일~25일까지 3일간에 걸쳐 개최된 이 학술대회는 크게 두 부분으로 구성되었다. 첫째날은 우리 사회의 원로 네 분(강대인, 이남곡, 이부영, 정성헌)을 초청하여 현재 우리나라가 직면한 문제들과 그것을 해결하기 위한 방안을 모색하는 좌담회가 진행되었다. 둘째날과 셋째날에는 인문사회과학 분야의 소장·중견학자들과 활동가들이 모여서 정치, 경제, 사회, 사법, 기본소득, 장애인, 청소년, 난민, 을의 민주주의 등에 관해 발표하고 난상토론을 전개했다. 3월 23일에 있었던 학술좌담회 내용을 녹취한 것이 이 책의 후반부를 이루고 있으며, 24일~25일 열린 학술대회 발표 내용은 앞으로 별도의 저작으로 출간될 계획이다.

따라서 이 책은 상호보완적인 두 개의 부분으로 구성되었다고 볼 수 있다. 전반부의 칼럼은 우리 사회 각 분야의 구체적인 문제점을 다루고 있기 때문에, 독자들은 이를 통해 현재 우리나라가 처해 있는 상황에 대한 전반적인 이해를 얻을 수 있을 것이다. 반면 후반부에 실린 좌담회 내용은 우리 사회 내부의 전반적인 문제점도 살피면서 다른 한편으로 남북한의 심각한 갈등 관계 및 미국, 중국, 일본, 러시아 같은 주변 강대국들의 이해관계의 충돌 속에서 위기를 맞고 있는 우리나라의 상황에 대한 구체적 분석과 아울러 문명론과 생태론, 인문 정신의 관점이 녹아 있는 원로들의 깊은 통찰을 보여 주고 있다. 한국 사회의 장래를 고민하는 우리의 동료 시민들에게 좋은 토론거리가 되기를 바란다.

***

끝으로, 나 자신의 관점에서는 이 책에 실려 있는 논자들의 다양한 견해와 목소리를 '을(乙)의 민주주의'라는 시각에서 갈무리해 보고 싶다. 이 책의 논의를 통해 다음과 같은 점을 알 수 있다.

첫째, 이 책의 논자들은 현재 한국사회가 직면한 위기가 일시적이거나 표층적인 현상이 아니라, 개항 이후 또는 적어도 해방 이후 한국 현대사의 누적된 문제점들이 중층적으로 표출된 결과라고 지적하고 있다. 경제적 불평등, 복지 체계의 결여, 정치적 갈등 구조의 왜곡, 종속적인 한미관계와 연동된 적대적인 남북관계, 사회적 관계의 신자유주의적 재구성, 국가 폭력과 대기업 지배 사회, 이윤 중심의 도시 질서, 패거리들끼리의 쟁투로 전락한 정치, 노동자를 일회용 인간으로 전락시키는 비정규직 체제, 반민주적 사회 질서의 거울로서 서울-지방 관계, 여성 혐오에서 표출되는 한국사회의 반인권적 현실 등은 모두 뿌리 깊고 다면적인 지배 구조의 표현들이다.

둘째, 따라서 이러한 위기에 대한 해법은 적어도 원칙적으로는 한국사회의 전면적인 변화와 개조를 지향하는 데서 찾아야 한다는 것이 논자들의 공통된 문제의식이다. 아울러 이들은 이러한 근본적인 개조의 방향은 위로부터의 개혁이나 정책적 대안 마련 이전에 아래로부터의 주체적 노력에서 찾아야 한다는 인식도 공유하고 있다. 그것은 기성세대와 다른 젊은 세대에 대한 호소로 나타나기도 하고, 약자들의 사회력에 기반을 둔 연성권력, 새로운 사회주의에 대한 모색, 국가 및 재벌 권력을 민주적으로 규율해야 할 필요성, 시민의 도시에 대한 권리의 실현, 노동자들의 연대에 기초를 둔 우리 사회의 가치 재구성, 인권에 대한 공감력의 증대 같은 요구로 나타나고 있다. 좌담회에 참석한 원로들은 문명의 전환과 인문 정신을 고취하는 것의 중요성을 강조하고 있다.

셋째, 하지만 이러한 공통적인 관심과 지향에도 불구하고 이들 사이에 적지 않은 관점의 차이가 존재하는 것이 사실이다. 이러한 차이는 우선 상이한 주제에서 생겨나는 차이라고 할 수 있다. 복지라는 주제로 접근하는 필자와 여성·인권의 문제를 생각하는 필자, 서울-지방 관계에 주목하는 필자가 한국 사회의 문제점에 대해 상이한 진단을 내놓는 것은 어찌 보면 당연한 일이다. 하지만 차이는 또한 정치적 관점의 차이에서 생겨날 수도 있다. 사회주의를 새롭게 정치의 지평에 끌어들여야 한다고 보는 관점과 사회력에 기반을 둔 연성정치를 추구하는 관점, 통치 개념에 입각하여 시민사회와 국제관계를 바라보는 입장, 그리고 화쟁의 정치를 요구하는 관점 사이에는 상당한 차이가 있을 수밖에 없다. 아울러 구체적인 사회 문제에 대한 해법을 모색하느냐, 아니면 한반도와 동아시아 및 인류 전체 문명을 시야에 놓느냐에 따라 시각이 달라질 수밖에 없다.

그럼에도 나는 이러한 차이점들을 최소화하거나 부인하기보다 이것들을 그 자체로 인정하고, 이러한 조건 속에서 어떻게 '우리'가 형성될 수 있는지, '우리가 살고 싶은 나라'를 구성하는 것이 어떻게 가능한지 사고하는 것이 매우 중요하다고 생각한다. 현대 사회의 조건을 고려할 때 정치 공동체를 구성하는 주체인 '우리'는 다원적이고 갈등적인 우리일 수밖에 없으며, '우리가 살고 싶은 나라'는 이러한 갈등적인 복합체로 구현될 것이기 때문이다. 그리고 '을의 민주주의'라는 화두는 바로 이러한 현실적 조건에서 출발한다.

계약 관계에서 두 당사자 중 하나를 가리키거나 아니면 갑, 을, 병, 정 등과 같은 순서를 표현하던 용어였던 을이라는 단어가 사회적 약자, 못 없는 이들 일반을 가리키는 용어로 사용되기 시작한 것은 그리 오래된 일이 아니다. '을'이라는 용어에서 특히 주목할 만한 점은 이것이 학자나 전문가들이 만들어 낸 말이 아니라는 점이다. 그것은 자신들이 갑에 의해 모욕당하고, 착취당하고, 부당하게 취급당하고 있다고 생각하는 익명의 을들이 스스로 이 사회의 불평등한 구조와 불공정한 질서를 고발하기 위해 창안해 낸 말이다. 따라서 을이라는 이 용어야말로 우리 사회가 안고 있는 복합적인 모순을 이해하고 개념화하기 위한 적절한 출발점이라고 할 수 있다.

을이라는 이 새로운 사회적 용어가 시사하는 것은 무엇일까? 첫째, 을이라는 말은 이 사회에는 동료 시민들에게 지배되거나 모욕당하거나 무시당하는 이들이 존재한다는 것, 더욱이 그들이 다수를 이룬다는 것을 말해 준다. 사실 을이라는 말이 광범위한 반향을 불러일으킨다는 것은 그만큼 우리 사회에서 을의 위치에 놓인 사람들이 확산되고 있다는 뜻이다. 보편적 평등의 원리에 입각해 있는 민주주의의 이념에 비춰 보면, 이는 한국 사회가 더 이상 민주주의적 사회가 아니든가 아니면 적어도 민주주의가 심각하게 왜곡되거나 훼손된 사회라는 것을 말해 준다.

현대 철학의 개념을 사용한다면 을은 '내적 배제'의 대상이라고 할 수 있다. 내적 배제라는 개념이 뜻하는 것은 어떤 공동체 내부로 온전히 통합되지 못하지만 또한 그 공동체 바깥으로 완전히 배제되지도 않는 집단이 존재한다는 점이다. 다시 말하면 공동체 안에 존재하되 그 공동체 안에서 온전한 성원으로 존재하지 못하는 집단, 곧 때로는 개돼지로 희화화되는 '이등 국민', 이등 시민이 바로 내적 배제의 대상이다. 을이라는 말보다 이러한 내적 배제 개념을 우리말로 잘 표현하는 단어는 없을 것이다.

둘째, 갑에 의해 억압되고 착취받고 무시당함에도 불구하고, 을들은 단일하거나 동질적인 집단으로 존재하지 않는다. 우리가 을이라고 부르는 개인들과 집단들 사이에는 또 다른 불평등 및 지배 관계가 존재한다.

을 아래에는 병(丙)이 있고, 병 아래에는 정(丁)이 있으며, 을은 자신이 갑에게 당하는 것 못지않게 병 위에 군림하며, 병은 또 다른 자신의 을들을 거느리고 있다. 따라서 사회적 갈등과 정치적 투쟁은 20 대 80이나 1 대 99, 또는 갑과 을 사이에서만 전개되는 것이 아니라, 을들 사이의 투쟁으로도 나타난다. 그것은 아버지와 자식 간의 갈등이고, 동료 노동자들 간의 투쟁이며, 남성과 여성 간의 투쟁이고, 서울 사람과 지방 사람의 반목이다. 또한 촛불집회에 대항하는 이른바 '태극기집회' 역시 그 한 가지 표현이라고 할 수 있다.

따라서 만약 우리가 살고 싶은 나라를 구성해야 하는 주체가 사회적 약자들, 다수의 을이라면, 이러한 주체는 매우 문제적인 주체라는 점을 인식할 필요가 있다. 이것이 문제적인 이유는 을들 사이에는 선험적인 연대가 존재하지 않으며, '우리 함께 연대합시다!', '민중이여, 단결하라!'라는 구호를 통해 그들 사이에 존재하는 갈등이 해소되지도 않기 때문이다. 가령 복지국가의 건설을 강력하게 지지하는 사람이 때로는 여성 혐오의 주체일 수 있으며, 아니면 적어도 그것을 사소한 문제로 치부할 수 있다. 또는 비정규직 철폐에 앞장서는 사람이 종속적인 한미관계에 대해서는 맹목적일 수도 있으며, 진보도시에 관심이 많은 사람도 서울과 지방 사이의 지배 관계에 대해서는 둔감할 수 있다.

따라서 우리가 살고 싶은 나라가 을의 민주주의, 을이 주체가 되는 정치 공동체를 의미한다면, 이러한 정치 공동체를 형성하기 위한 근본적인 과제는 갑과 을 사이에 존재하는 강고한 지배구조를 해체하는 것만이 아니라, 그러한 지배구조를 지탱하고 또한 확산하는 매개체로서 을들 사이의 반목적 갈등 관계를 어떻게 화쟁의 연대 관계로 전환시킬 수 있는가에서 찾아야 할 것이다.

을의 민주주의가 묻고자 하는 것은 을이 지배자가 아닌 주체가 될 수 있는지, 주인이 아닌(따라서 또 다른 하인이나 노예를 전제하지 않는) 주체가 될 수 있는지 여부다. 이러한 을의 민주주의는 빈민을 빈민이 아니라 '데모스'(Demos, 민중)나 시민으로 만들어 주며, 재벌이나 대통령, 국회의원도 하나의 데모스로, 시민으로 만들어 주는 그러한 민주주의라고 할 수 있다. 대한민국이라는 정치 공동체가 더 이상 '그들의 국가', 치안 기계인 국가로 작동하지 않게 하려면 이러한 을들이 주체가 되는 민주주의가 어떻게 실현될 수 있을지 숙고해 볼 필요가 있다.

***

새로운 정권이 들어선 지 이제 보름 남짓한 시간이 흘렀다. 역사적인 촛불집회의 열망을 담아 시작된 새 정권이 과연 많은 국민들의 기대에 걸맞은 통치를 보여 줄지 판단하기에는 아직 턱없이 이른 시점이다. 하지만 몇 가지 사실을 통해 희망의 빛이 나타나고 있는 것도 사실이다. 공공부문 비정규직 철폐, 최저 임금 1만 원으로 인상, 재벌 개혁, 화력발전소 축소 및 폐쇄, 4대강 사업 감사 및 재검토, 검찰과 국정원 등 공안기관의 개혁, 5.18 정신의 헌법 전문 기입 등과 같은 정책 방향은 새 정부가 '을을 위한' 민주주의를 지향하고 있음을 잘 보여 주고 있다.

소수의 지배자 및 권력자를 위한 노골적인 공안 통치를 전개했던 이전의 두 정권에 비하면 이는 신선하고 반가운 모습이다. 하지만 진정한 의미의 을의 민주주의를 달성하기 위해서는 여기에 그쳐서는 안 된다. 한 걸음 더 나아가 '을에 의한' 민주주의 및 '을의' 민주주의를 통해, 대통령 자신이 천명했듯이 국민 주권 시대를 선포한 촛불혁명을 계승하고 발전시킬 수 있도록 노력해야 할 것이다.

〈우리가 살고 싶은 나라〉 기획연구팀도 앞으로 지속적인 연구 활동을 통해 새로운 나라, 새로운 민주주의를 실현하는 데 밑거름이 되도록 배전의 노력을 기울일 것이다. 독자 여러분의 많은 관심과 질정을 부탁드린다.

복지

'반복지의 덫'에 갇힌 한국사회,
복지와 경제민주화는 '한몸'

고세훈

　"장애는 개인의 특성이 아니라 관계"라는 북유럽 어느 정치인의 말
에 뭉클했던 적이 있다. 청각 장애인이 많은 마을에선 구성원들이 수화
를 배우면 되고, 장애인을 위해 작은 2층 건물에 엘리베이터를 설치하
는 상가 주인의 모습은 아름답다. 이는 사회경제적 약자들 전반에 적용
된다. 개인의 결핍을 관계의 문제로 인식하는 일이야말로 복지국가를

위한 구상의 출발점이다.

2020년의 한국은 '최고 불평등국'

신자유주의가 담론과 정치의 세계를 장악하면서, 사회경제적 차원의 절대적·상대적 박탈/결핍 정도가 심화되고 있다. 한국의 경우는 특히 심각하다. 가령 빈곤층이 얼마나 가난한지를 보여 주는 빈곤갭(2014년)은 OECD 국가들 중 한국이 세번째로 높으며, 지금 추세라면 2020년 무렵엔 상위 1퍼센트의 소득이 전체 소득의 15퍼센트를 웃돌면서 OECD 최고의 불평등국가가 되리라는 추정도 있다.

그런데도 각종 통계가 보여 주는 한국의 복지 의지는 취약하고 한국 복지의 현실은 참담하다. 조세의 빈곤율 개선 효과와 정부 이전지출의 불평등 개선 효과는 각각 OECD 평균의 4분의 1 수준이고 국민총생산 대비 복지 관련 지출에 관한 한, 한국은 OECD에 가입한 1996년 이래 몇 해를 제외하면 내내 최하위에 머물러 있다.

열악한 복지 재정은 공공 부문의 인적 규모에도 그대로 반영되어, 인구 1천 명당 공무원 수는 OECD 평균의 3분의 1에도 못 미치는 최하위이고 비OECD 국가들 평균의 절반에도 미달한다. 서구라면 유권자의 대종을 차지할 복지 수혜 인구와 복지 업무 관련 공무원 수가 모두 취약하니 복지 공약이 눈앞에서 물거품이 된다고 해도 이렇다 할 정치적 반향이 없다.

사부문의 자선 실태도 빈약하기는 마찬가지다. 국민총생산 대비 한국 사회의 연간 개인 기부-단속적이고 비정례적이어서 통계조차 부실한 형편이다-의 비율 0.05퍼센트(2004년)는 복지국가로 분류되지 않는 미국의 33분의 1, 영국의 15분의 1, 싱가포르의 6분의 1에 머문다. 우리는 복지'국가' 이전에 복지'사회'를 구축하는 데도 실패한 것이다.

복지의 필요성과 국가의 복지 의지 간의 현격한 괴리에도 불구하고, 한국 사회에는 반(反)복지 담론들이 넘친다. 예컨대 우리는 성장보다 빈곤과 불평등을 더 심각히 체감하면서도 정부 정책이 성장 중심으로 진행되고 있고, 성장이 분배의 전제라는 담론에 매우 친숙하다. 물론 성장은 분배의 필요조건도 충분조건도 아니다. 서유럽국가들이 복지국가를 발진시킨 것은 종전의 폐허 위에서였고, 오늘날의 한국에 비해 소득 수준이 뒤지던 1980년대에는 국가복지 수준이 이미 완숙 단계에 들어섰다. 아마 미국이 복지국가의 반열에 들지 못한 이유를 성장의 부족 탓으로 돌릴 만큼 대담한 사람은 없을 것이다.

"기업의 통제 없이 자본주의 미래 없다"

분배가 성장의 발목을 잡는 것도 아니다. 분배는 소비수요 진작, 인적 자원의 질 향상, 사회자본의 증대를 가져와 투자, 생산성, 효율, 따라서 성장에 기여한다. 낮은 축적 단계에서도 일찍이 분배에 눈을 떴던 서유럽국가들은 오늘날 가장 선진적인 국가복지 체계를 만들어 냈으면서도 가장 고도의 성장을 일궈냈다. 요컨대 성장과 분배는 경험적으로도,

논리적으로도 배타적 개념이 아닌 것이다.

　성장 중심의 사회가 설득력을 확보하려면 재분배 장치를 위해 최소한의 제도화가 선행돼야 한다. 그렇지 않을 때 성장은 그 자체가 권력적 과정이 되고 따라서 오히려 분배의 악화를 가져오기 쉽다. 최근 선택과 다원주의의 이름으로 옹호되는 복지 민영화 담론 또한 허점투성이기는 마찬가지다. 그것은 시장 탈락자들을 화폐관계의 그물인 시장 안으로 재차 밀어 넣는, 즉 시장 실패에 대한 교정을 다시 시장에 맡기자는 자기모순적 논리에 서 있는 것으로서, 국가복지의 본래 취지를 무색하게 만든다. 한국의 낙후된 국가복지, 척박한 민간 복지 전통과 만연한 반복지의식 등에 비춰 볼 때, 이 단계에서 복지를 민간에 맡기자는 것은 복지를 아예 하지 말자는 말과 크게 다르지 않다.

　기본적으로 복지국가란 불평등의 영역인 시장이 체제적으로 양산한 빈곤과 불평등의 문제를 '시장을 거스르는 정치', 곧 형식적 평등이 확보되는 민주주의를 통해 완화·교정해 보려는 시도의 산물이다. 가장 근본적 의미에서 민주주의란 견제와 균형, 경제학자 케네스 갤브레이스의 언어를 빌리면 "상쇄력의 제도화"에 입각해 있다. 사회경제적 약자들의 수적 연대와 조직이 민주주의라는 장치를 통해 부에 대해 상쇄력을 행사한다는 의미일 터인데, 요컨대 '대표 없이 복지 없다'는 인식이다. 서유럽 복지국가가 시혜와 쟁취, 곧 보수주의와 노동 정치를 두 축으로 발전했다면, 전자의 노블레스 오블리주 정신도 민주주의를 경유하여 복지로 구현된 것이다.

　무엇보다 선진 복지국가들의 발전 정도는 노동운동의 강도 순위에 대체로 조응한다. 노조 조직률이 높고, 노조운동이 산업별로 연대할수록, 노동자정당의 의석 지분과 집권 경험이 많을수록 복지국가는 발전해 왔다. 한국이 이 모든 지표에서 서유럽국가들에 비해 비교 자체가 민망할 정도로 열악하다는 점은 익히 알려져 있다. 그리하여 '국가복지의 제도화' 부재란 당대의 계급 간 권력 자원이 심대하게 불균등한 상태에 있다는 점을 말해줄 뿐인바, 부재란 바로 그러한 불균등한 상쇄력의 산물이기 때문이다. 부재는 방치될 때 부재의 심화라는 악순환을 낳고, 그리하여 계급 권력의 편차가 커질수록 계급 협력의 지형은 그만큼 취약해지기 마련이다.

not easy, but simple

한국은 시혜의 전통이나 유산도 변변치 않고, 진보 정치의 역량도 말할 수 없이 취약하다. 한국 복지가 수세적 재편이 아닌 공세적으로 추진돼야 하는 이유이다. 이는 민주주의가 권력의 연원인 시장으로 확대돼야 한다는 관점에 닿거니와, 그런 관점은 오늘날처럼 재벌이 전방위적으로 영향력을 확대해 가고 정치적 민주주의마저 사실상 무력화시키는 우리의 경우엔 더욱 절실하다.

20세기를 온전히 살아 냈던 경제학자 갤브레이스는 그의 마지막 저서에서 "기업의 통제 없이 자본주의의 미래 없다"는 말을 유언처럼 남긴 바 있다. 즉 제도화의 부재 속에서 새 활로를 모색해야 하는 복지 한국의 과제는 위계적·권력적 영역인 시장의 문제를 복지 구상의 내부로 포괄해 냄으로써, 국가와 시장 모두에서 권력의 행사 자체를 민주적으로 규율하는 제도적 틀을 정립하는 일과 맞물린다. 가령 최근 논란이 되는 경제민주화도 출자총액제한이나 순환출자규제 혹은 금산분리 등 자본 행태에 대한 국가의 직접적이고 물리적인 규제보다는 시장 내의 계급 권력이 길항하는 제도적 틀, 무엇보다 시장의 주 행위자인 기업의 지배구조를 민주적으로 개편하는 데 그 초점을 두어야 한다. 핵심은 재산권이나 소유권을 하나의 다발(bundle)로 수용 혹은 폐기하기보다는 그 행사를 제한하는 시장 구조를 만들자는 것이다.

실제로 국가복지와 경제민주화는 밀접히 연결돼 있다. 기업지배구조가 권위주의적일수록 '어두운 고용'-저임금과 고용불안에 시달리는 고용-이 늘고, 그럴수록 시장 탈락자의 수가 증가하여 국가의 복지 부담이 커지며, 이는 다시 '어두운 실업'-실업 급부의 수준과 조건이 열악한 실업-의 가능성을 키우며, 시장에의 강제적 재편입, 따라서 재차 어두운 고용으로 이어지는 악순환을 낳는다. 긴축이 시대적 구호가 되고 복지국가가 수세에 몰린 오늘날에도 서유럽 복지체제의 골격이 건재한 이유는 다양한 수준의 경제민주화가 국가복지를 뒷받침하기 때문이다.

작금의 한국 상황이 증언하듯, 정치와 시장 모두에서 민주주의가 일상적으로 침해될수록 지적 절망과 함께 지식인들은 냉소라는 심리적 방어기제를 지니기 쉽다. 지식 중심의 보상체계가 주는 안락함도 여기에 한몫했을 것이다. 그러나 무릇 냉소란 모든 흔들리고 변하는 것들을 고정불변의 것으로 가정하는 그 본질에서 반지성적이다. 우리는 어차피 잠정적 타협(modus vivendi)을 추구하며, 권력관계와 그로 인한 상쇄력의 균형 또한 변하기 마련이다. 복지국가적 타협은 유토피아가 아니라 다양한 형태와 정도로 실험되고 있는 엄연하고도 구체적인 현실이다. 한국 복지의 토양과 노동운동의 현실을 볼 때, 해결은 어차피 중장기적 전망에 있다. 그 도정이 멀고 험한 것은 사실이지만(not easy), 가야 할 길이 복잡한 것은 아니다(but simple).

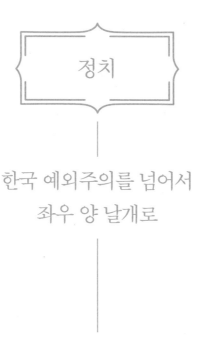

정치

한국 예외주의를 넘어서
좌우 양 날개로

손호철

"대통령이라는 직함을 가진 신사가 자전거 꽁무니에 막걸리병을 싣고 삼십리 시골길 시인의 집을 놀러가더란다." '우리가 살고 싶은 나라'라는 주제를 듣는 순간 정치학자로서 떠오른 것은 신동엽의 시다. 그러나 이는 낭만적인 헛꿈이다. 문명국들이 누리고 있는 사상의 자유, 표현의 자유만이라도 보장되는 나라에서 살고 싶다. 대통령을 풍자했다는 이유로 예술가가 끌려가지 않고, 아무리 틀린 생각이라 하더라도 특정한 사상을 믿는다는 이유로 감옥을 가거나 당이 해산당하지 않으며, 여당의 원내대표가 헌법이 보장한 삼권분립을 주장했다는 이유로 찍혀 나가지 않고, 갑자기 낙후한 독재국가에서나 하는 역사교과서의 국정화를 하겠다고 나서지 않는 나라에서 살고 싶다.

오른쪽엔 독수리 날개, 왼쪽엔 병아리 날개

나는 이 모두를 응축해 '한국 정치의 예외주의를 넘어서'라고 말하고 싶다. '한국 예외주의를 넘어서 글로벌 스탠더드의 정치'에서 살고 싶다. 미국 정치학의 중요한 화두 중 하나는 '미국 예외주의'이다. 왜 미국은 유독 유럽과 달리 사회민주당, 사회당, 공산당, 녹색당과 같은 좌파정당 내지 '진보정당'이 존재하지 않는가? 그 결과 정치가 '보수 대 진보'가 아니라 '보수양당제'를 취하고 있는가? 우리도 마찬가지다. 해방 정국을 거쳐 분단이 고착화된 뒤 진보정당은 사라졌고 정치는 보수양당제가 지배해 왔다. 미국과 비슷한 '한국 예외주의'이다. 게다가 미국과도 다른 우리만의 예외주의가 있다. 우리의 보수는 '글로벌 스탠더드의 보수'와는 다른 '극우냉전' 세력에 가깝다.

근래 들어 냉전보수 세력 대 민주야당 세력의 갈등을 흔히 '보수 대 진보'라고 부르지만 이는 잘못이다. 한민당에서 더불어민주당(그리고 안철수의 국민의당)에 이르는 '민주야당' 세력은 미국의 민주당과 비슷한, 개혁적인 '자유주의' 정당이지 유럽식의 '진보정당'은 아니다. 조봉암의 진보당, 민주노동당, 정의당 등이 진보정당이다. 최근의 한국 정치는 새누리당 같은 보수(conservative), 개혁 내지 자유주의(liberal), 그리고 진보(progressive)라는 삼분 구도이다. 정확히 표현해 거대 양당과 취약한 진보의 2.1정당체제이다. 새는 좌우 날개로 날아야 하건만, 우리 정치는 오른쪽 날개만 있는 기이한 새다. 아니 오른쪽엔 독수리 날개가, 왼쪽엔 병아리 날개가 달려 오른쪽으로 기우뚱하게 나는 기이한 새다.

거리투쟁이 자랑거리만은 아니다

정치의 기능이란 '사회적 갈등의 제도적 조정'이다. 사회적 갈등을 정당과 의회와 같은 제도 내에서 조정하여 해소함으로써 파국을 예방하는 것이 바로 정치다. 그리고 현대 자본주의 사회의 갈등은 노동 대 자본, 빈자 대 부자를 기본축으로 하되 생태 대 개발, 소수자(여성·동성애자·장애인 등) 대 다수자, 평화 대 전쟁과 같은 갈등들이 중첩되어 있는 '진보 대 보수'의 구도라고 할 수 있다. 따라서 정치도 이 같은 '진보 대 보수'의 구도를 취하는 것이 일반적이다.

그러나 우리는 보수 일변도의 정치가 보수 대 진보라는 사회적 갈등을 제대로 반영하지 못함으로써 '갈등의 제도적 조정'이란 제 기능을 제대로 수행하지 못하고 있다. 그 결과가 바로 골리앗투쟁과 희망버스이다. 사회적 갈등을 조정하지 못하는 '제도정치의 무능력'이 '거리의 정치'의 일상화를 가져온 것이다. 외국 학자들과 사회운동가들은 우리의 거리투쟁과 운동을 부러워한다. 그럴 만하다. 그러나 뒤집어 생각하면

이들이 부러워하는 활발한 거리투쟁은 한국 정치의 무능력의 결과라는 점에서 자랑거리만은 아니다. 정치가 제 기능을 다해 외국이 부러워하는 거리의 정치가 사라지는 것, 그것이 우리가 살고 싶은 나라이다.

국민대통합위원회가 지난 연말 조사한 바에 따르면 국민들이 가장 심각하다고 생각하는 갈등은 계층(75%), 노사(68.9%), 이념(67.7%), 지역 갈등(55.9%) 차례였다. 특히 계층 갈등은 조사를 시작한 2010년 이후 가장 심각한 것으로 나타났다. 헬조선, 금수저 논쟁을 생각하면 당연한 일이다. 시급히 해결해야 할 갈등도 이념, 계층, 노사, 지역의 차례였다.

이처럼 계층과 노사 갈등이 심화된 것은 보수정부의 무능으로 1997년 경제 위기가 찾아온 데다가 김대중 정부가 위기 극복을 위해 시장 만능의 신자유주의 정책을 무비판적으로 수용하고 이후 정권들이 이 같은 정책을 계승, 심화시켰기 때문이다. 게다가 이 때문에 생겨난 사회적 불평등과 갈등을 정치가 제 기능을 해서 풀어내지 못했기 때문이다. 즉, 그 중심에는 신자유주의와 보수독점체제라는 한국 정치의 예외주의가 자리 잡고 있다.

한국 예외주의는 잘 알려져 있듯이 분단에 따른 반공주의 등에 기초해 있다. 그 결과 '진보 대 보수'가 아니라 보수양당 간의 '민주 대 반민주'가 한국 정치의 기본틀이었다. 그러나 80년 광주학살 이후 진보가 살아났다. 또 반공주의가 약화되고 민주노조가 생겨나는 등 진보의 성장에 유리한 조건들이 나타났다. 그러나 새로운 장애가 등장했다. 87년 민주화 이후 약화된 민주 대 반민주를 대체한 것은 진보 대 보수가 아니라 지역주의다. 한국 정치를 지배하는 것은 지역주의, 그리고 최근 부상한 세대 갈등이다. 한국 정치는 지역주의의 압도적 우위하에 커지고 있는 세대 갈등, 약화됐지만 사라지지 않은 민주 대 반민주, 그리고 아직 제대로 자리 잡지 못한 진보 대 보수가 결합해 있는 구도이다.

지역주의가 하루아침에 없어지지는 않을 것이다. 또 호남이 '민주주의의 보루'로서 역사적 역할을 해온 것은 매우 중요하다. 그러나 이를 넘어서야 한다. 김대중 정부를 통해 호남의 한은 이제 어느 정도 해소됐다. 또 인구 면에서 영남이 누리고 있는 압도적 우위를 생각할 때 지역주의 정치는 '지는 게임'이다. 특히 호남 인구가 줄어들어 충청보다도 적어지고 있다. (이는 보수의 아성인 고령층의 증가와 함께 우려되는 인구학적 추세이다.) 박정희 정권을 무너뜨린 부마항쟁이 보여 주듯이 90년 3당통합 이전에 부산경남은 '민주세력'이었다. 단기적으로는 영남패권주의를 내파시켜 부산경남을 '민주진영'으로 견인해야 한다. 그러나 중장기적으로는 지역구도를 해체해 진보 대 보수의 정치 구도로 가야 한다. 거지부터 재벌까지 호남은 자기 지역당을, 영남은 자기 지역당을 찍는 '초계급적 지역 연합'을 호남과 영남의 노동자들이 지역을 넘어 진보정당을 지지하는 '초지역적 계급 연합'으로 바꿔야 한다.

글로벌 스탠더드와 무지개 연합

한국 정치가 예외주의를 벗어나 '진보 대 보수'라는 '글로벌 스탠더드'로 가기 위해서는 제도 개혁이 필요하다. 선거관리위원회의 제안대로 비례대표를 확대하고 독일식 연동제를 도입해 사표를 줄여야 한다.

헌법재판소는 국회의원선거에서 인구 격차에 의해 3 대 1에 달하는 표의 가치의 차이는 위헌이라고 판결했지만, 양대 거대정당을 찍은 표는 진보정당에 던진 표의 4배로 계산되고 있다. 그럼에도 거대양당은 야합하여 오히려 비례대표를 줄이는 위헌적인 개악을 단행했다. 사표를 줄이고 야권 분열 문제를 해결하기 위해 결선투표제를 도입해야 한다. 사상의 자유를 제한하는 국가보안법도 폐지해야 한다.

진보정당의 성장에 시간이 걸리는 만큼 더민주와 같은 자유주의 정당들이 좌클릭해야 한다. 김대중, 노무현 정부의 신자유주의 정책에 따른 양극화가 냉전적 보수세력의 지지 기반('강북 우파')이 되고 있다는 점에서 과거 정책에 대한 발본적인 반성과 청산이 필요하다. 특히 지금까지의 '노동 없는 복지' 노선에서 '노동 있는 복지'로 바꿔야 한다. 진보정당은 민주노동당으로 상징되는 진보정당운동 3기를 끝내고 새로운 순환을 시작해야 한다. 과거의 '친북 노선'을 넘어서고 비정규직, 청년세대, 이주노동자를 포괄하는 노동운동의 재구성, 여성운동, 환경운동 등을 포괄하는 무지개연합을 추구해야 한다. 진보정치를 통해 신자유주의와 보수독점 정치의 결과인 사회적 양극화를 해소해야만 시장의 낙오자들을 중심으로 한 한국형 파시즘의 기반을 해체할 수 있다. 좌우의 정상적인 두 날개로 나는 정치, 그것이 내가 생각하는 '우리가 살고 싶은 나라'다.

사회

사회를 복원할 것인가
재발명할 것인가

서동진

오늘날 우리가 살아가는 세상을 설명할 때 곧잘 들먹이는 말 가운데 각자도생의 사회란 것이 있다. 어찌 듣자면 그럴듯한 말일 수도 있지만 조금 삐딱하게 새기자면 난센스에 가까운 말이기도 하다. 각자도생하며 살아가는 개인들만이 있는 세계에 사회 따위란 없을 터이기 때문이다. 물론 한 발짝 물러나 달리 생각해 볼 여지도 있다. 개인들이 자기 이해를 추구하면서 만들어지는 네트워크가 사회 없는 사회의 그 진짜 면모가 아니겠냐고 말이다. 그렇다면 각자도생의 사회란 말은 사회가 사라진 것이 아니라 외려 사회가 자신을 만들어 내는 새로운 방식을 말해 주는 것이다. 어느새 사회란 말이 없어도 사회란 것이 있는 것처럼 뵈는 세계에 살게 된 셈이다.

사회가 사라졌다?

어떤 이는 사회가 사라졌다고 서글픈 낯을 짓는다. 그리고 사회를 복원하고 되살려야 한다고 말한다. 인터넷에서 사람들이 가장 많이 찾는 감성적인 검색어는 외로움이라는 어느 빅데이터 분석업체의 이야기가 들린다. OECD가 조사한 '2015년 삶의 질 지수'에 따르면 문제가 있을 때 도움을 요청할 친구나 친척, 이웃이 있느냐는 문항에서 한국은 조사대상국 중 최하위를 기록했다고 전한다. 통계청의 '한국의 사회동향 2015'에서 드러난바, 한국인 가운데 56.8퍼센트는 여가 시간을 혼자서 보낸다는 소식에 사람들은 가슴을 친다. 더 이상 따뜻한 인간관계는 사라지고 섬처럼 나 홀로 살아가는 이들의 세계, 즉 사회 없는 사회를 말해 주는 것처럼 보인다. 그래서 사람을 보고 사람을 찾는 사회 만들기가 큰 관심사가 될 수밖에 없다. 그렇지만 그렇게 해서 사회는 쉽게 만들어질 수 있는 것일까.

신자유주의라는 이름으로 알려진 정치적 프로그램은 사회의 파괴를 겨냥한다. 물론 이렇게 말하려면 사회란 개념에 주의할 필요가 있다.

20세기를 대표하는 두 개의 정치적 이념인 자유주의와 사회주의가 합의했던 사회에 관한 이상적인 이미지가 있었다. 연대로서의 사회, 안전의 제도적인 네트워크로서의 사회라는 것이 그것이다. 사회 따위란 없다고 영국 수상 마거릿 대처가 강변했던 '사회'란 복지국가 혹은 사회국가라고 말할 때의 바로 그 사회였다. 그리고 그녀가 창설하고자 했던 세계는 사회 없는 사회, 개인과 가족들의 자율적인 네트워크로 구성된 사회적 관계의 세계였다. 그러므로 사회적 관계와 사회는 다른 것이다. 사회적 관계는 언제 어디에나 있다. 그러나 사회란 엄연히 다르다. 후자는 세월을 거치며 정치적 아이디어와 투쟁을 통해 고안되고 구체화된 역사적인 현실이자 이념이다. 19세기 후반부터 유럽을 넘어 다른 세계로 폭발적으로 확산되어 사회적 관계를 가리키려 도입된 사회(Society)란 낱말은, 그런 점에서 지시어라기보다는 패러다임에 가깝다. 물론 그즈음 형성된 사회주의라는 정치는 숫제 사회를 자신의 정치의 바탕으로 삼았다.

아름다운 거짓말과 자본의 반격

사회란 개념은 정치적인 의지와 투쟁을 동원하고 사회적 갈등과 대립을 중재하는 해법을 제시하며 사회를 구성하는 성원들을 독특한 모습으로 가시화하였다. 그것은 먼저 국민국가를 경계로 하고 사회문제를 해결하기 위해 사회보장과 복지라는 도구를 활용하였다. 그리고 성장과 분배, 발전과 행복이라는 그림을 배경으로 사람들을 그려 넣었다. 그렇게 그려 넣어진 사람들을 가리키는 이름은 인구 혹은 국민이었다. 전설로 회자되는 "요람에서 무덤까지"란 말처럼 유년에서부터 노년까지의 삶, 다시 말해 인구의 행복이야말로 정치가 관심을 기울일 대상이었다. 그것이 바로 사회라는 대상을 관리하고 통치하는 국가라는 사회국가를 낳았다.

사회국가라는 개념은 자본주의의 역사적 단계와 대응한다는 점 역시 간과할 수 없다. 그것은 "사회문제"를 세상에 알린 19세기 중반의 노동자, 농민의 반란과 저항에 의해 촉발되었고 독일과 프랑스, 영국에서 각기 서로 다른 모델을 통해 실험되었다가 양차 세계대전을 거치며 발전된 국가에서 널리 확산되고 또 정착하였다. 그렇지만 이러한 사회국가는 지난 세기 후반부터 슬금슬금 허물어지기 시작하다 이제는 바야흐로 흔적만 남기고 사라질 태세인 것처럼 보일 지경이다. 무엇보다 세계화 그리고 금융화로 집약되는 자본주의의 변화는 사회의 토대를 붕괴시켰다. 사회국가는 임금노동자와 자본의 타협을 통한 재분배의 체계를 도입하고 실행하였다. 국민국가의 경계 안에서 자본은 노동자의 자본주의적 시장경제의 지배에 대한 동의를 전제로 임금소득은 물론 산업재해를 비롯한 다양한 질병에 대한 보험, 양육과 교육, 노령에 대한 보장을 제공하였다. 실업과 빈곤이 초래한 두 개의 국가를 통합하기 위하여 노동과 자본은 모두가 함께 공동의 운명에 연루된 연대의 체계에 속해 있음을 기꺼이 인정하였다. 법인세는 확대되었고 보장의 범위는 확장되는 듯이 보였다. 발전국가인 한국은 복지를 대신해 폭발적이면서 지속적인 성장이라는 신화가 있었다. 임금소득은 꾸준히 성장하는 듯이 보였고 더 나은 삶으로 나아가는 교두보였던 교육은 확대되는 듯했으며 영아 사망률은 급감했고 건강 수준도 향상되었고 기대수명도 늘어났다. 성장에서 흘러나온 과실이 복지를 메꿔 주었던 격이다.

그렇지만 1970년대를 전후한 위기는 자본의 반격을 초래하였다. 세계화는 자본의 국민적 경계를 허물고 유연화, 아웃소싱, 외주화, 자본의 이전 등을 일반화하였다. 금융화는 발전된 자본주의 국가의 자본들을 투기꾼으로 탈바꿈시켰고 주주자본주의란 미명하에 경제를 말끔히 수술하였다. 노동자는 이제 자산관리자인 척 꾸며졌고 주택이나 부동산, 주식, 보험 등에 투자함으로써 자신의 부를 늘려 가는 것을 당연지사처럼 여기게 되었다. 이는 먼 나라의 일이 아니다. 국내 재벌 기업의 이윤 보유금은 천문학적인 액수이고 가계부채는 1천 2백조 원을 돌파한 지 오래다. 긴축이란 요란한 슬로건이 유럽을 뒤덮고 있어도 국가부채 역시 1천조 원을 돌파한 지 오래다. 부채를 통한 성장이라는 지난 수십 년간의 한국 자본주의의 궤적은 저성장과 실업이라는 두 개의 지표 아래 요약된다.

1그램이라도 사회주의를!!

이는 사회보장은 변변치 못했어도 발전에 따른 양적 성장의 과실을 찔끔찔끔 나눠 받으며 삶을 향상시킬 수 있었던 발전국가의 '사회 없는 사회'의 메커니즘도 마비 상태에 이르렀음을 보여 준다. 그럴수록 발전과 성장의 경험이 침전시킨 역사적인 기억은 더욱 맹렬히 타오른다. 10퍼센트 안팎을 넘나드는 고성장 시대의 따뜻했던 삶을 향한 향수는 「국

제시장」 같은 영화의 퇴행적인 유토피아적 기억 속에서 넘실댄다. 그런 점에서 급진적인 정치를 대체하며 사회의 복원을 꾀하는 다양한 시민 운동의 전략은 납득할 만한 것이다. 세련된 소비적 라이프스타일 운동이라는 혐의를 받는 밥상공동체 운동에서부터 시작해 마을 만들기, 대안 통화, 협동조합, 사회적 기업, 공정무역, 지자체 수준의 기본소득 운동, 청년수당 지급 등 이루 열거하기 어려울 만치 다양한 운동은 윤리적인 의지를 통해 사회를 복원하고자 한다. 치유의 경제, 상생의 자본주의, 대안경제 등 이러한 기획이 형성하고자 하는 경제에 관한 이미지 역시 한결 성가를 구가한다. 그렇지만 이는 자본주의적 사회관계의 바깥에서 선한 의지를 가진 이들의 노력을 통해 사회를 도입하려 한다. 그런 연유로 그것은 사회 외부의 사회에 머물고 만다. 따라서 자본주의를 손질하지 않은 채 사회만을 이야기하는 것은 아름다운 거짓말로 그칠 수 있다. 따라서 사회를 복원하는 착한 의지에 머물지 않고 변화된 자본주의적 사회관계의 조건 위에서 연대를 재발명하는 것이야말로 급선무이다. 1 그램이라도 사회주의를 가미하지 않은 순수 자유주의는 불가능하다. 최소한의 사회안전망도 없이 정글과 같은 완전 자유경쟁을 도입하자는 자유주의자는 없을 것이다. 그러므로 여전히 금기처럼 남아 있는 사회주의를 정치의 지평에 다시 끌어들여야 한다. 사회주의가 금기였던 나라 미국에서도 샌더스가 대선 후보경선에서 돌풍을 일으킨 바 있다. 지난 세기 사회주의가 실패한 것은 강한 국가의 비효율성 탓이 아니라 대의민주주의의 신화에 갇힌 탓이었다. 사회를 위한 정치가 어제의 사회주의와 같은 모습은 아닐 것이다. 그리고 이는 사회를 복원하는 것에 머물지 않고 새로운 사회를 창립하는 기획이 될 것이다.

한미관계

문제는 통치다!
제국과 위험 사이의 한국, 한국인

정일준

 2014년 4월의 세월호 사건이 안전문제를 성찰하게 했다면, 2016년 1월 북한의 4차 핵실험과 2월 장거리 로켓실험은 한반도 안보현실을 돌아보게 만들었다. 둘 다 재앙임에는 분명하지만 각각의 사안을 파악하는 방식과 대응 방안은 사람에 따라 사뭇 다르다. 우리가 마주하고 있는 사건은 하나의 입장이나 분석틀로 깔끔하게 포착될 수 없기 때문이다.

미국은 미국이고 한국은 한국이다?

2015년 9월 3일 베이징에서 열린 '중국 인민 항일전쟁 및 세계 반파시스트전쟁 승전 70주년' 기념행사에 박근혜 대통령이 참석했다. 천안문 성루에 올라 시진핑 중국 국가주석 오른편으로 푸틴 러시아 대통령 다음에 서서 열병식을 지켜보는 사진은 강렬한 인상을 남겼다. 중국의 한반도 공식 파트너가 북한에서 남한으로 바뀌었나? 아니면 남한의 국제 파트너가 미국에서 중국으로 바뀌었나? 박 대통령이 중국, 러시아 최고지도자와 나란히 서 있는 장면은 마치 '블루팀 선수'가 '레드팀 진영'에 서 있는 듯했다. 상전벽해를 넘어 천지개벽 같은 함축을 담은 사진이었다. 한국이 미국의 그늘을 벗어나서 마침내 '나의 길'을 가려는 것처럼 보였다. 1970년대 초반 냉전에서 데탕트로의 전환기에 자주국방과 '한국형 민주주의'를 추진했던 박정희 대통령처럼, 탈냉전과 G2 시대에 박근혜 대통령은 자주외교와 '대박형 민족통일'을 추구하는 것처럼 보이기도 했다. 그렇지만 한 장의 사진에 대한 기호학적 분석은 해석학적 순환의 수레바퀴를 벗어나진 못했다. 일본 제국주의로부터의 해방 70주년 행사는 동시에 '미국 제국과 중국 제국 사이의 한국'이라는 적나라한 국제정치 현실을 보여 주었다.

제2차 세계대전과 한국전쟁 그리고 베트남전쟁을 거치면서 한미관계는 피로 맺어졌다. 혈맹인 한미관계는 여타 국제관계와 질적으로 다르다. 이를 '한미관계 예외주의'라 부를 수 있을지 모른다. 그렇지만 중화질서를 국제질서인 양 오인하던 구한말의 선조들은 망국을 자초했다. 냉전이라는 하나의 세계적 순환은 종료되었다. 동북아에는 새로운 국제

질서가 아직 형성되지 않았다. 개혁개방정책을 통해 세계시장에 참여한 후 중국은 한국과 경제적·문화적으로 교류·협력을 확대하고 있다. 정치적으로도 밀접해진 중국은 더 이상 남이 아니다. 그런데 중국은 동북아에서 군사적으로 미국과 대립·경쟁하고 있다. 냉전 이후임에도 불구하고 휴전선과 대만해협은 미국의 직접적인 관심 지역이다. 지리적으로 아시아 국가는 아니지만 미국의 국익은 동북아에 깊이 새겨져 있다. 동족인 북한의 핵문제를 둘러싸고 미국의 아시아 회귀 움직임이 두드러지는 가운데 혈맹인 남한의 운신 폭은 넓지 않다. 미국과 남한은 결코 남이 아니다. 다시 한번 한국은 제국 사이에 끼었다.

미국은 미국이 아니고 한국은 한국이 아니다!

한미관계를 이해하고자 할 때, 우리는 흔히 "우리에게 미국은 무엇인가?"라는 자아 준거적인 질문을 던진다. 그렇지만 관점을 바꾸어 "미국에게 한국은 무엇인가?"라는 질문을 던질 수도 있다. 이를 통해 우리는 한미관계를 상호적 시각에서 바라볼 수 있다. 역지사지를 통해 지피지기할 수 있는 것이다.

식민지 조선의 해방과 분할 점령, 남북한 분단 정권의 탄생, 한국전쟁에서의 남한 방어 그리고 자본주의적 경제발전과 자유주의적 민주화 전 과정에 미국이 깊숙하게 관여했다. 한국은 엄연한 주권국가이다. 그렇지만 지난 두 세대 동안 진행된 미국화는 그 속도와 폭 그리고 깊이에서 예전의 중국화, 일본화를 훨씬 능가한다. 냉전기 미국은 직접 지배보다 간접 지배를, 또 공식 제국보다 비공식 제국을 선호했다. 공식 지배는 군사력에 의존하는 방식이며, 비공식 지배는 현지 엘리트에 위임하는 것이다. 미국은 이익뿐 아니라 이념과 제도를 통한 동맹을 추구했다. 시간을 두고 한국이 스스로 미국화하기를 바랐다고 볼 수 있다. 한국은 미국과 여러 차원에서 긴밀한 관계를 맺고 있다. 군사적으로는 동맹 관계이다. 수만 명의 미군이 주둔하고 있을 뿐 아니라 전시작전권도 미국이 가지고 있다. 미국식 자유민주주의는 한국의 정치 모델이다. 선거정치 현장을 보면 한국 정치가 실제로 얼마나 미국화되었는지 실감할 수 있다. 한국 경제는 영미형 자유시장경제를 지향한다. 한국의 신자유주의적 전환은 전면적으로 미국화된 한국의 사회적 맥락을 빼놓고 설명할 수 없다. 문화 차원에서 진행된 미국화로 미국식 생활양식과 사고방식이 대량 복제되었다. 대학교수의 미국 박사 충원을 넘어 영어 조기교육 열풍에 이르면, 위로부터의 형식적 포섭 단계를 지나 아래로부터의 실질적 포섭 단계에 이르렀다고도 판단할 수 있다. 따라서 지난 70여 년의 한국 현대사는 총체적인 미국식 사회 변형 과정이라고 해도 과언이 아니다. 이제 미국은 더 이상 태평양 건너의 초강대국이 아니다. 한국도 더 이상 '은둔왕국'이 아니다. 한국의 정체성과 한국인의 정체성은 바뀌었다. 이는 역사 축에서 보아도, 국제관계 축에서도 그러하다.

한국이 미국이고 미국이 한국이다

미국의 국가는 두 개의 얼굴을 가지고 있다. 하나는 국익을 추구하는 보통국가로서 미국이다. 다른 하나는 국제질서를 유지하고 세계자본주의체제의 재생산을 관리하는 제국으로서의 면모이다. 한미관계를 전자에 국한할 경우 한국과 미국은 서로 국익을 추구하는 가운데 외적으로만 관계를 맺어 나가는 합리적 행위자로 비친다. 그렇지만 한미관계를 국제정치와 세계경제 통치자로서의 미국 제국의 역할에 위치시키면 전혀 다른 관계 동학이 펼쳐진다. 이는 한미관계를 국가 사이에서 작동하는 권력에 대한 새로운 이론적 인식에 기반해서 파악할 것을 요구한다.

권력이 작동하는 통로가 기존 국가 기구와의 상호작용을 통해서인지 아니면 국가엘리트 자체를 형성하는 사회적 구성 과정을 통해서인지를 한 축으로 하고, 권력이 작동하는 사회관계가 직접인지 또는 간접인지에 따라 국제관계에서 행사되는 권력 유형을 각기 강제권력, 제도권력, 구조권력, 생산권력이라는 네 가지 유형으로 분류할 수 있다. 북한의 핵실험과 미사일 실험 발사를 둘러싼 한미관계에 이를 적용해 보자. 미국이 한국 정부에 직접 압력을 가해 대북제재에 참여시켰다고 파악하면 이는 강제권력이다. 미국이 국제규범과 객관적인 정보에 입각하여 한국의 지배 엘리트로 하여금 사태를 정확히 파악하도록 하는 영향력을 행사했다고 볼 경우 이는 제도권력이다. 한국 정부에 영향력을 행사하기보다 한국 및 세계의 시민사회에 북핵 문제의 위험성을 알려서 간접적으로 주의를 환기하는 미국의 역할을 강조한다면 이는 구조권력이다. 끝으로 미국의 국익이 곧 한국의 국익이라고 동일시하는 한국인들의 호응이 커서 한국 정부가 자발적으로 동참했다면 이는 생산권력이다. 박근혜 정권의 개성공단 폐쇄 조치도 한미관계에서 행사되는 권력을 어떤 유형으로 파악하느냐에 따라 평가가 달라진다. 한국이 미국에 구조적으로 종속된 것으로 보는 시각도, 한국이 미국과 자유롭게 관계를 형성하는 것으로 보는 시각도 모두 일면적이다. 한국과 한국인은 변했다. 미국이 부과한 자유주의 통치성이 두 세대에 걸친 제도 변형과 주체 형성을 통해 국가 간의 공식적인 한미관계를 안팎과 위아래에서 단단하게 떠받치고 있는 것으로 봐야 한다. 한국과 미국은 하나다.

한국은 한국이고 미국은 미국이다

한미관계는 남북관계를 거울상으로 전제한다. 한미 간 '친구 만들기' 프로젝트는 남북 간 '적 만들기' 기획과 동전의 양면이다. 미국을 주적으로 삼은 북한의 핵무기와 장거리 미사일 실험이 곧바로 한국의 안보 위기로 동일시되는 것은 착각이 아니다. 분단국가 한국의 민족 정체성과 국가 정체성은 일치하지 않는다. 후자가 전자에 우선하는 것이 현실이다. 한국의 국가는 한미관계와 남북관계 사이에서 갈등하고 동요한다. 이 또한 현실이다. 그렇지만 한국의 국익을 지키기 이전에 국익이 무엇인지를 정의해야 하는 것은 우리 한국인들이다. 그래서 여전히 한국은 한국이다.

한국의 국가는 시민사회와의 관계에서는 강한 국가였지만 미국 제국과의 관계에서는 약한 국가이다. 민주주의에 대한 불만 속에서 보수 정권이 연이어 탄생했다. 그런데 불만을 잉태한 것은 불안이다. 정치의 정치라고 할 수 있는 통치의 기본은 국가 안보, 사회 보장, 개인 안녕이라는 중층적 과제를 동시에 관리하는 일이다. 통치가 정치보다 한 단계 위에 있으며 훨씬 포괄적인 활동이다. 운동정치는 민주주의의 활성화에 기여할 수 있다. 그렇지만 민주주의 심화는 다르다. 민주주의의 민주화를 위해서는 주체로 각성된 시민이 필수적이다. 그런데 그것만으로는 부족하다. 정부 및 전문가집단에 의한 중재가 필요하다. 게다가 한국의 국가는 전 지구적 도전에 직면했다. 시민사회와의 관계에서도 만능 해결사가 아니다. 국가가 나서서 기술관료적으로 사회 문제를 해결할 수 없다. 그렇다고 해서 국가를 통하지 않고서 국제, 국내 문제의 해결은 난망하다. 우리가 파악하거나 감당할 수 없는 밖으로부터의 군사적, 정치적, 경제적, 문화적 도전도 엄청나다. 우리가 통치할 수 있다고 믿는 내부의 문제도 간단치 않다. 국가 안보, 사회 치안, 시민 자율 그리고 개인 규율을 한데 묶는 국가의 헤게모니 프로젝트 발진이 요구된다. 이는 국가 안보, 경제 발전, 사회 안녕, 개인 존엄을 아우르는 또 다른 정치 합리성을 꿈꾸는 것이기도 하다. 내부와 외부, 그리고 공적, 사적 영역을 경계 구분하고 끊임없이 통치하는 국가 활동이 필수적이다. 이런 식으로 통치당하지 않겠다는 의지가 곧 비판이다. 비판이나 저항이 통치에 우선할 수 없는 이유가 이것이다.

문제는 통치고, 통치는 투표야!

세월호 사건이 비극인 것은 구조 가능했는데 그렇게 못했기 때문이다. 이는 통치 가능했다는 의미이다. 이에 비해 북핵 위기가 실감나지 않는 것은 우리가 통치할 수 있는 영역 밖이라고 생각하기 때문이다. 그런데 과연 그러한가? 알고도 손쓰지 못한 아쉬움은 진실을 규명하고, 관련자를 처벌하고, 앞으로 같은 재난을 반복하지 않는 제도를 수립함으로써 덜어 나갈 수 있을지 모른다. 몰라서 손쓸 겨를이 없었다는 변명은 국가 안보에서 정당화될 수 없다. 나라는 망하면 끝이다. 따라서 "세월호가 먼저냐 북핵 문제가 먼저냐?" 하는 질문은 다음과 같이 바뀌어야 한다. "세월호도 북핵도!"

시민사회도 통치해야 하지만 국제관계도 그러하다. 남북관계도, 한미관계도 동시에 통치해야 한다. 한미관계와 한중관계도 그러하다. 나아가 예측과 관리가 가능한 재난뿐 아니라 예측을 넘어서 위험도 통치해야 한다. 통치는 국가를 재정치화하는 일이기도 하다. 투표가 첫걸음이다. '종이 짱돌'을 던지자. 투표는 대통령을 만들고, 대통령은 역사교과서를 만들고, 교과서는 시민을 만든다. 그러니 세월호를 기억하려면, 북핵 위기를 극복하려면, 투표하자. 통치도 결국 투표로 만든다.

'사회력' 기반으로
'연성정치'가 이뤄지는 나라

김동춘

최근 국민대통합위원회의 조사에 의하면 한국사회에 대해 응답자들의 35퍼센트는 경쟁사회, 18.4퍼센트는 양극화사회라고 답을 했고, 평등사회, 공정사회라고 답한 사람은 1퍼센트에 지나지 않았다. 이 보고서는 우리 사회의 갈등이 단절·원한·반감·단죄의 감정 등 극단적 트라우마 상태로 빠지고 있다고 설명한다. 많은 사람들이 극도의 불공정한 경쟁 속에서 불안한 상태에 있고, 많은 사람이 심각한 스트레스를 받고 있다는 이야기다. 그 이유는 무엇인가?

승리하거나 혹은 퇴출되거나

거시적으로는 한국전쟁 전후 국가폭력에 의한 피해와 공포, 가까이는 1997년 외환위기 이후 만들어진 승자독식, 경제적 약자들만 경쟁으로 내모는 한국의 시스템에서 그 원인을 찾을 수 있을 것이다. 한국전쟁, 군사정권, 억압과 폭력은 지역 사회조직, 지방분권, 지방정치의 싹을 잘랐고, 모든 사회 구성원은 중앙정치만 바라보면서 정치권과 관료집단의 권위에 일방적으로 복종하되, 가족 단위의 생존과 출세만을 추구하도록 유도되었다. 어떤 과정을 거쳤든, 일단 싸움에서 승리해서 강자가 된 사람들에게는 최대한의 특권이 보장되었고, 탈락하거나 배제된 사람들은 무한대의 생존 경쟁에 노출되었다. 권력과 법에 대한 불신, 불공정한 경쟁은 사회적 연대를 해체하고, 각자의 방식으로 생존과 지위 상승의 길을 가도록 유도하였다. 정치는 사회적 요구를 집합적으로 대표할 수 없었고, 시민사회는 저발전되어 있었으며, 법과 언론은 편파적이어서 약자가 의탁할 수 있는 사회적 방어막이 없었다.

사회적 약자가 무방비 상태에 놓이고, 약자 간의 연대가 해체됨으로써 지역사회와 일터에서 개인은 완전히 원자화되었다. 인구의 80퍼센트 이상이 살고 있는 도시 지역은 단순한 거주의 공간이지 주민 교류의 공간이 아니었고, 아파트는 곧 '부동산'이었다. 지역사회는 관변 조직과 힘 있는 건설업자, 자영자들이 움직였다. 기업에서 회사와 종업원의 관계는 수직적이며, 한국 경제를 좌우하는 재벌 대기업은 직접 고용하고 있는 노동자뿐만 아니라 간접 고용한 중소기업, 하청 기업의 노동자들, 파견업체 노동자들과 그의 가족들의 삶까지 지배한다.

일제 식민지 지배, 군사독재, 그리고 신자유주의 질서는 형식적으로는 상이하지만, 국민을 순응과 경쟁으로 몰아넣어 사회의 자생력을 말살하고, 노동자나 서민 대중의 조직화를 차단하고, 개인을 가족 단위로 경쟁하도록 만든 점에서는 동일했다. 과도한 교육열로 표현된 능력주의와 순응주의가 사회 구성원 간의 수평적인 연대를 차단한 점도 동일하다. 그래서 오늘 한국은 경제적으로 성취한 것이 많지만, 삶의 질에서는 거의 후진국 수준에 머물러 있다. 물질주의와 성장주의 외에는 사회의 미래를 둘러싼 담론과 사상도 거의 없다.

투표 안에 갇힌 '사회력'

그러면 이러한 상황을 벗어나기 위해서는 무엇이 이루어져야 하고, 우리는 어떤 사회를 꿈꾸어야 할 것인가? 나는 국가 혹은 정치에 대비되는 '사회력' 혹은 '사회적 자생력'의 육성이 가장 시급하고, 사회적 연대가 경쟁을 보완 혹은 대신하는 나라가 되어야 한다고 생각한다. '사회력'(사회적 힘)이란 사람들이 자신이 처한 문제를 '정치'에 덜 의존하고 해결할 수 있는 힘, 보통사람들이 연대를 통해 강자에게 맞설 수 있는 힘, 그리고 자신의 대표를 정치적 의사 결정 과정에 참여시킬 수 있는 힘을 말한다. 전쟁과 내전, 만연한 국가폭력으로 국민들이 자신의 재산과 생명을 지킬 수 없는 상황, 강대한 기업권력하에서 종업원이 고립된 개인으로 사용자의 전권에 무방비로 노출된 상태가 사회력 최저 상황이다. 반대로 지역사회에서의 주민 조직, 노동조합, 영세 자영업자, 중소기업 등 각 직업, 직능 단체 등 정당의 사회적 기반이 촘촘히 조직되어 자신의 문제해결을 위해 단결하고, 서로 간의 이해의 충돌을 조정할 수 있는 사회는 사회력이 극대화된 상황이다.

사회력은 사회조직과 그 구성원들의 자율성, 책임성, 공공성, 혁신 능력, 학습 능력, 도덕적 역량, 공감 능력을 말한다. 시민사회에서 사회력은 갈등해결 능력, 정치사회에서 사회력은 투표 참가의 열의, 국회의 사회적 대표성, 그리고 관료조직과 정치가들의 사회적 호응성 등을 통해 드러난다. 그런데 선거 외에 사회 구성원들이 국가의 정책 결정, 정치권에 영향을 미칠 수 있는 통로가 거의 전무하거나 대자본, 언론, 관료집단, 사법부 등이 입법부의 역할을 여러 방식으로 제압한다면 선거는 요식 행위이자 국가 내의 '실질 권력'을 재생산하는 통로에 그칠 것이다. 정치력은 사회력에 기초를 두고, 국가의 힘도 궁극적으로는 사회력에 기반을 둔다.

국가의 억압, 경제적 불평등은 사회력을 제한하거나 해체한다. 특히 재벌 대기업이 경제뿐만 아니라 정치와 사회까지 지배하는 오늘 한국에서 재벌의 과도한 사회경제적 지배는 사회력을 극도로 위축시키는 원인이다. 노조, 소비자, 주주, 이사, 지역주민들이 재벌 대기업의 생산 활동이 공공의 이익에 부합할 수 있도록 압력을 행사하고, 공공복지기관, 협동조합, 각종 시민 기금이 시장에서 탈락하는 사람들의 버팀목을 해 주는 사회경제 질서는 곧 사회력이 작동하는 상황이다. 경제뿐만 아니라 사회적 활력을 유지하기 위해 공정한 경쟁이 필요하지만, 대기업의 경영권, 경제적 부가 세습되고, 중소기업과 영세상인들이 자생적으로 성장할 수 없는 곳에서 사회적 혁신이나 활력, 기술의 발전은 이루어지기가 어렵다. 이것은 사회력의 고갈 상태인데, 사회력 고갈은 곧 경제성장도 불가능하게 만들 것이다.

백성을 새롭게 하는 정치

약자들이 사회력을 갖게 되면 의회정치, 제도정치 밖의 정치, 즉 조정과 합의, 시민사회의 자생력과 자기 치유력에 의해 많은 경제적 비용도 줄일 수 있다. 사회의 자기치유, 산업안전, 공공체육, 갈등조정기구가 작동을 하면 국가나 기업이 지불해야 할 의료비, 보험료, 각종 보상비, 소송비 등 갈등 치유 비용을 줄일 수 있다. 나는 이와 같은 사회적 조정 과정을 '연성정치'라 부르고 싶다. 연성정치는 곧 시민정치, 혹은 시민자치, 사회의 정화 능력을 말하는데, 억압적 공권력 발동, 제도정치나 소송, 사법부의 판결에 덜 의존하면서 이익집단이나 주민들 스스로 조정을 통해 문제를 해결할 수 있는 능력이다. 예를 들면 질병이 만연하게 되는 조건인 경제사회 환경은 문제 삼지 않고 의료를 공공적인 것으로 할 것인가 민영화할 것인가 논하는 것이 아니라, 질병의 발생 자체를 줄일 수 있는 사회경제 체제를 고안하는 작업이다.

세월호 사고가 발생했을 때 관료조직인 해경, 해양수산부는 물에 빠진 학생들을 거의 구조하지 못했지만, 인근에서 지켜보던 어민들은 곧바로 달려가 수십 명의 학생을 구조했고, 민간 잠수대원은 해경 이상으로 주검 수습에 큰 역할을 했다. 심지어 국가기관은 잠수사들의 자발적 구조를 오히려 막은 의혹도 있다. 세월호 인허가, 운항, 침몰, 구조 모든 과정에서 사회력의 작동은 거의 제로 상태였다. 사고 직후 국가는 주민들의 자발적 지원이 이루어질 수 있도록 격려해 주면서, 민간이 손을 댈 수 없는 구조의 영역을 직접 담당했어야 한다. 우리 역사를 돌아볼 때 국가가 위기에 처했을 때 '의병'이 한 역할은 매우 자랑스럽지만, 국가가 계속 의병에 의존해야 한다는 것은 비극이다. 국가와 의병은 합심해서 나라를 구해야 한다.

전쟁, 경제 위기, 대규모 재난 사태가 발생하면 사회력, 연성정치 없는 국가는 거의 관료적 판단에 의존하게 된다. 국가나 정치가 튼튼한 사회력과 연성정치에 기초할 때, 사람들의 삶의 질과 안정감만 높아지는 것이 아니라 국가 자체도 튼튼해진다. 19세기 말 이후 지금까지 한국은 사회력과 연성정치를 죽이고서, 국가의 억압과 대기업 몰아주기 방식으로 근대의 길을 걸어왔다. 21세기에는 지난 세기 우리가 겪어 온 이런 '비뚤어진 근대'의 과정을 청산하고, 사회세력을 주체로 만들고 '연성정치'를 통해 상당 부분의 문제를 해결해야 한다.

우리가 바라는 사회는 질서나 효율보다는 '생명을 부여하는 정치', 신민(新民), 즉 백성을 '새롭게 하는' 정치가 작동하는 곳이어야 한다. 인민이 지역이나 전국 정치에서 실질적인 주권자 역할을 할 때, 그들은 생명을 찾고, 잠재력을 발휘할 수 있을 것이다. 그러기 위해서는 불평등의 극복, 재벌 대기업의 지배구조 개선, 노동자 연대조직의 활성화, 영세자영업자의 조직화, 비례대표 강화 등을 통한 정치의 사회적 대표성 제고 작업이 이루어져야 한다.

그런데 사회력과 연성정치 확대를 위해 남북한의 사실상의 '전쟁 상태' 극복은 꼭 필요하다. 분단, 전쟁 정치는 '사회'의 가장 큰 적이기 때문이다.

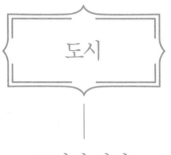

도시

도시의 앞날,
'진보도시'의 조건은 무엇인가

조명래

최근 아시아권 주요 도시에서는 사람 중심 도시 만들기를 주된 내용으로 하는 '진보도시론'이 빠르게 대두하고 있다. 이는 그간의 경제적 가치 중심의 외형적 도시 성장에 대한 반성으로 '사람 중심의 도시 가치'를 찾기 위한 노력으로 간주된다. 커뮤니티, 공공공간, 사회경제, 토속문화, 인권과 정의, 참여 거버넌스, 도시 권리 등이 진보도시론을 구성하는 키워드다. '진보도시 만들기' 국제 네트워크 구축에 앞장서고 있는 싱가포르국립대학교 마이클 더글러스 교수에 따르면 외형적 화려함과 경쟁력보다는 토속성과 일상 행복이 도시를 사람 중심으로 만드는 데 더 중요하다. 그에 의하면 진보도시는 '장소의 번영'보다 '사람의 번영'을 최우선으로 하는 도시다. 따라서 진보도시는 현재의 지배적인 제도(국가나 시장 중심 제도) 아래에서 담보하지 못하는 사람의 가치를 도시 주체들이 자의식적으로 복원하고 실현하는 것에 의해 특징지어진다.

왜 '진보도시론'인가

'나아짐'을 의미하는 진보란 말은 계몽주의의 가치 개념으로 등장했다. 진보란 말은 애초 '과학 기술을 이용한 인간 삶의 개선'(특히 질병으로부터 해방 등)을 가리켰지만 점차 '사회적 진화'(social evolution)의 개념으로 확장되다가 19세기 중후반을 거치면서 자본주의 아래 불평등과 모순을 극복하는 정치적 실천 혹은 이데올로기를 지칭하는 용어가 되었다. 하지만 도시의 진보는 이보다 훨씬 오래된 계보를 가지고 있다. 아리스토텔레스는 그의 저서 『정치학』Politika에서 사람은 폴리스의 정치적 삶을 통해 인간 본성(innate)을 발현하면서 최종적으로 행복(eudaimonia)의 상태, 즉 자아실현의 상태에 이르게 된다고 했다. 도시의 진보는 단순한 불평등과 억압의 해방을 넘어 욕구 실현의 최종 단계인 자아실현으로 가늠되는 것이다.

이후 역사는 도시의 발전과 반비례하여 도시가 사람이 꿈꾸었던 것과 다르게 자유 대신 구속, 개방 대신 갇힘, 평등 대신 불평등, 편익 대신 비용 등과 같은 역설의 삶을 강제해 왔다. 이는 물질적·제도적 질곡으로부터 해방되었다고 믿어지는 현대 도시에서도 경험되는 바다. 사람이 도시를 만들었지만, 도시가 발전할수록 사람은 도시의 주인으로 대접받지 못하고 있다. 이를 우리는 '도시의 역설'이라 부른다. 도시의 역설은 도시를 다시 사람 중심의 도시로 만들기 위한 필요성과 당위성을 말해 주는 것이기도 하다. 도시를 사람의 온전한 삶을 돕고 담아내기 위한 터전으로 바꾸기 위한 시도는 사실 인류의 역사 동안 계속되어 온 바다. 실제 역사상의 많은 (신)도시는 나름대로의 유토피아를 구현하기 위한 의도로 건조되기도 했다. 그리스의 폴리스, 로마시대의 공화도시, 토머스 모어 부류의 유토피아 이상을 실현하려는 공동체도시, 자치사회주의의 기원이 된 코뮌도시, 에버니저 하워드(Ebenezer Howard)의 '전원도시론'에서 비롯된 근대도시계획과 도시운동 등은 모두가 도시를 통한 진보를 모색하는 시도다.

진보도시의 필요조건 다섯 가지

근대에 들어 진보도시 만들기는 19세기 후반 영국의 자치사회주의(municipal socialism)란 자치제도의 개혁으로부터 시작되었다. 하지만 '진보도시'(progressive city)란 용어가 본격 사용된 것은 1890년대 말 1900년대 초, 이른바 도금의 시대(Gilded Age) 미국에서다. 도시의 불평등, 불공정한 배분, 약자의 배제, 부동산 중심의 개발, 성장연합 중심의 도시정책 등에 대한 진보적 자치세력들의 반발에서 시작한 진보도시 만들기가 미국의 오랜 지방자치 역사다. 현재, 진보도시 만들기에 앞장서고 있는 미국의 대표 도시로는 뉴욕을 꼽을 수 있다. 빌 드 블라시오 뉴욕 시장은 뉴욕을 '모든 사람을 위한 도시'로 만들겠다는 공약을 내걸고 당선됐다. 복지, 의료, 주택, 일자리, 환경 관리 등 모든 측면에서 정치적·제도적 경직성 때문에 하지 못하는 사람 중심의 정책을 보란 듯이 추진하겠다고 하면서, 그러한 뉴욕을 진보도시라 스스로 불렀다. 현재 미국에는 300여 개의 진보적 지자체 연합체인 '로컬 프로그레시브'가 결성되어 있다.

미국의 벌링턴, 오클랜드, 보스턴, 시카고 등을 대상으로 1970, 80년대 진보도시 만들기 사례를 분석한 피에르 클라벨 교수는 그의 저서 『시청에 들어간 활동가』에서 진보도시의 필요조건 다섯 가지를 제시했다. 첫째, 시장(mayor)의 사회운동 기반. 둘째, 도시정부의 분배적 역할 비전 및 혁신정책의 추진. 셋째, 도시사회 계층(특히 빈곤층과 유색인)을 광범위하게 대표할 수 있도록 시 정부의 개방을 위한 개혁. 넷째, 시장 임기를 넘어서는 자치혁신의 지속. 다섯째, 시 정부와 지역사회의 이니셔티브를 서로 수용하는 관계의 제도화 등이다.

미국의 진보도시 만들기 경험을 반추해 보면, 시정 운영이 국가나 시장 원리가 아닌 시민사회적 원리에 우선 기반해야 한다. 즉, 관료적 자치나 시장 중심의 정책 운용 틀을 벗어나 근린사회의 주체들이 시정에 참여하면서 반(反)성장연합, 반부동산개발, 반신자유주의 세력을 형성하여 정책 의제의 중심을 성장과 개발에서 복지와 분배로 바꾸어 도시 약자의 이익을 우선 보호하며, 나아가 시민의 '도시에 대한 권리'를 실현할 수 있어야 한다. 말하자면 근린사회를 기반으로 한 자치혁신을 통한 '도시의 진보'는 현재의 지배적 시스템에 의해 배제되거나 억압된 사람·가치·부문·세력을 대변하고 옹호하되 혁신정책의 추진을 통해 이를 실질적으로 구현하는 것으로 이루어진다.

도시의 진보는 국가나 사회 전체 차원에서 해결해야 할 '구조적 원인'의 해결보다 시스템 작용의 (모순적) 결과로 나타나는 일상의 문제를 생활현장과 장소에서 주민 주도적으로, 점진적으로, 실효적으로 해결하는 방식으로 모색된다. 이러한 도시 진보는 이데올로기 대결이나 자본주의의 급진적 대안에 매몰되기보다, 현 시스템이나 구조(국가시스템 혹은 시장제도)의 모순에 대한 도시주체들의 해석으로부터 도출된 '상황적 이슈'를 실용적으로 해결하는 데 역점을 둔다. 이러한 이유로 미국의 진보도시 만들기는 '자유주의 혹은 실용주의'로 평가받고 있다. 말하자면, 진보의 초월적·보편적 가치를 현실의 상황적 가치로 어떻게 해석해서 도출해 실천하느냐의 문제로 이해되는 미국식 진보주의의 모색이 진보도시 만들기의 이념이라면 이념이다.

진보도시를 구성하는 4대요소

진보도시 만들기는 진보의 보편적·초절적(transcendental) 가치요소(자아실현, 해방, 정의, 권리, 분배 등)를 도시 맥락에서 해석해 도출한 상황적 가치요소(참여, 행복, 협력, 인권, 복지 등)로 정의하고 현실의 제도적 과정을 통해 어떻게 구현하느냐의 문제로 접근된다. 따라서 진보도시는 해석

투쟁을 통한 도시 만들기의 '과정'(progress)이란 의미와, 이러한 과정을 통해 성취하는 진보도시의 '이상'(outcome)이란 의미를 동시에 함축하고 있다. 후자가 목표 개념이라면, 전자는 실천(조직화) 개념이라 할 수 있다. 이 두 요소를 함께 묶어 마이클 더글러스 교수는 진보도시를 구성하는 4대 요소를 제시한 바 있다. 첫째는 도시의 '포용성'으로서 시정에 대한 주민 참여, 거버넌스, 시민 주도성과 관련된다. 둘째는 '분배정의'로서 약자를 위한 자원의 배분과 대안경제로서 사회경제 혹은 공동체 구축과 관련된다. 셋째는 '도시의 상열'(conviviality)로서 행복, 자아실현, 정체성의 구현과 같은 요소를 도시 발전의 궁극 목표로 추구하는 것과 관련된다. 넷째는 '생태적 번영'으로서 지구온난화 시대 인간 생존의 위협을 극복하기 위한 도시 차원의 인간자연 공생체제 구축과 관련된다.

화쟁

다투되 평화롭게 다투는
'화쟁적 성찰'

조성택

지금 한국에 정치가 있는가? 만약 정치의 목적이 오로지 권력 쟁취에 있고, 개인적 욕망을 성취하기 위한 도구로서 이해된다면, 정치는 '있다'고 하겠다. 그러나 정치가 본래의 역할, 즉 '서로 다른 것들을 어울리게 하는 기술'로서 이해된다면 지금 한국에 정치는 '없다'.

선거에서 승리하는 일이 목표인 정치, 내 편은 옳고 저들은 그르고,

패거리에 충성하는 게 곧 정치 생명을 보전하는 일이 되는 정치, 내가 살기 위해서 상대를 죽여야 하는 쟁투의 정치가 오늘날 한국 정치의 민낯이다.

지금 한국에 정치는 '없다'

최근 여소야대의 정국에서 '협치'라는 말이 등장하고 있다. 그러나 협치를 '다수'를 만들기 위한, 정치공학적인 게임으로 이해하는 한 한국 정치의 현실은 크게 나아질 것 같지 않다. '다수결'을 유일무이한 민주주의의 원리로 신봉하는 셈법의 정치가 우리 정치의 또다른 민낯이다.

쟁투의 정치, 패거리 정치는 직업 정치인들만의 문제가 아니다. 이는 시민사회에서도 다양한 방식으로 재현되고 있다. 오늘날 많은 한국인이 사회적·정치적 현안에 대해 자신의 견해를 말하는 것을 꺼린다. 특히 나와 다른 정치적 견해를 가진 사람들 속에서는 침묵을 금(金)처럼 여겨야 한다. '이쪽'과 '저쪽'을 가르는 진영논리 속에서 다른 견해를 가진 사람에 대해 증오와 혐오의 딱지를 붙이는 것을 서슴지 않기 때문이다. 인터넷과 같은 공론의 장에서 언어폭력과 정신적 폭력은 거의 일상화되었다. 상대방의 의견을 경청하고 토론하는 대화는 거의 불가능한 상황이다.

세월호, 북핵 문제 그리고 강남역 화장실 여성 살해 사건 등, 심각한 사회적 사건이 발생할 때마다 우리 사회는 둘로 쪼개져 버린다. 사람들은 자신의 진영 안에서만 발언하려고 한다. 안전하다고 느끼기 때문이다. 진영 안에서 발언의 편향성은 점점 강화되고 극단으로 치닫게 된다. 편이 갈리고 극단적 주장이 난무하는 가운데 사건의 본질은 온데간데없이 증발되어 버리는 일들이 반복되고 있다.

이에 대한 일차적 책임은 직업 정치인들에게 있다. 갈등과 분쟁을 사회적 의제로 만들어 가는 것이 그들의 역할임에도 지역민 혹은 특정 계층의 이해 다툼으로 변질·악화시키고 있다. 때로는 자신의 정치적 이익을 위해 갈등을 확대 재생산하기도 한다. 지금 한국 사회는 정치가 작동하지 않는, 진정한 의미의 정치가 부재하는 사회다.

지난 세기 동안 한국인들은 국권 상실, 식민지, 분단, 그리고 전쟁이라는 참혹한 시련을 겪어 오면서 집단적으로 내면화해 온 꿈이 하나 있다. 그것은 '반듯한' 나라를 세우는 일이었다. 한국인들에게 반듯한 나라를 세우는 일은 어떤 의미에서 보자면 개인의 성취보다 훨씬 더 근본적이며 중요한 일이었다. 이는 한국인들만의 고유한 역사적 경험에서 만들어진 집단적 정서와 같은 것으로, 민족주의와 같은 개념의 잣대만으로는 온전히 이해되지 않는다. 한국의 산업화와 민주화를 추동했던 역사적 동기 또한 '개인'의 이익 추구와 권리 신장이라는 서구적 관점만으로는 결코 이해되지 않는다. 식민지에서 해방된 개발도상국의 한국인들에게 자유와 민주 그리고 윤택한 삶이란 개인적 동기 이전에 '반듯한 나라'를 세우고자 하는 집단적 염원 같은 것이었다.

산업화와 민주화에 이어 이제 우리 모두가 살고 싶은, '반듯한 나라'를 만들기 위한 또 하나의 과제가 우리 앞에 놓여 있다. 그것은 정치를 개혁하는 일이다. 이 글에서 제안하는 '화쟁의 정치'는 정치개혁의 청사

진을 제공하고자 하는 것이 아니다. 다만 그 시작을 재촉하기 위한 것이며, 만들어 가야 할 새로운 정치문화의 모습을 그려 보기 위함이다.

"모두 옳고, 모두 틀렸다"

화쟁(和諍)은 원효 고유의 용어다. 화쟁은 특정한 사상체계가 아니라 일종의 세계관이다. 화쟁은 다양성을 긍정하는 다원적 세계관에 기초하여, 경전을 둘러싼 다양한 견해들의 상호 배타성을 해소하기 위한 것으로 일종의 해석학이라고 할 수 있다.

원효는 화쟁론을 통해 서로 다른 주장들이 결코 모순되거나 상충되는 것이 아니라는 점을 강조하고 있다. 이 점은 원효가 들고 있는 '장님 코끼리 만지기'의 예화에서 잘 드러난다. 코끼리 전모를 다 볼 수 없는 장님들은 각자가 만지고 있는 부분이 코끼리의 모습이라고 주장한다. 어떤 이는 코끼리가 "벽과 같다"고 하며 또 다른 이는 "기둥과 같다"고 한다. 그야말로 '백가(百家)의 이쟁(異諍)'이다. 이러한 상황을 두고 원효는 "모두 옳다"(개시, 皆是)고 한다. 각 주장들이 코끼리가 아닌 다른 것을 언급하고 있는 것은 아니기 때문이다. 동시에 원효는 "모두 틀렸다"(개비, 皆非)고 한다. 코끼리 '전체'를 생각한다면 각각의 주장 모두에 부족함이 있기 때문이다.

개시와 개비는 동전의 양면이다. 개시개비는 A가 맞으면 B가 틀렸고, B가 옳다면 A가 그르다는 이분법적 사고를 넘어 '복수의 옳음'을 용인하는 것이며 나아가 '나의 옳음'이 절대적일 수 없음을 인정함으로써 더 큰 옳음을 모색하고자 하는 것이다. 요컨대 개시가 '벽'과 '기둥' 둘 다 코끼리의 모습이라고 하는 모순과 역설을 공존하게 하는 원리라면, '개비'는 모순적 상황을 새로운 변화로 이끌고자 하는 '갈등 전환'의 관점이다.

코끼리는 생각하지 마?

이제 원효의 '코끼리'를 정치적 상황에 적용해 보자. 코끼리의 전모를 그려 내기 위해서는 어느 한 주장도 제한되거나 배제되어서는 안 된다. 자유롭게 자신의 주장을 펼치되 다른 사람의 주장에도 귀를 기울일 때 점차 코끼리의 전모를 완성해 갈 수 있다. 다만 코끼리 아닌 것을 코끼리라 우기거나 거짓 증언을 하는 사람은 구별되어야 할 것이다. 서로 모순되고 상충되는 주장들이 한자리에서 펼쳐지면서 어지럽고 혼란스럽기도 하겠지만, 이 '평화로운 다툼'의 과정을 통해서만 조금씩 코끼리의 전모에 다가갈 수 있다. 한 사회의 발전 또한 마찬가지다. 미래로 나아가는 방향과 방법을 놓고 다양한 의견이 있을 수 있고 때론 갈등도 빚고 다툼도 있을 수 있지만 그 길만이 지속적 발전을 만들어 갈 수 있는 길이다. 화쟁의 정치란 단 하나의 옳음이 아니라 복수의 옳음이 있다는 것을 인정하고 '나의 옳음'이 절대적일 수 없으며 '저들의 옳음'과 공존할 수 있다는 것을 받아들임으로써 함께 '더 큰 옳음'을 만들어 가고자 하는 정치를 말한다.

미국의 정치학자 엘머 에릭 샤츠슈나이더는 정당정치에 관한 그의

명저 『절반의 인민주권』에서 정치란 갈등을 제거하는 것이 아니라 완화하거나 조절하는 것임을 강조하고 있다. 서로 다른 의견이 공존하는 것, 갈등이 늘 상존하는 것이 정치가 작동하는 현실이며 정치가 필요한 현장이다. 샤츠슈나이더 그리고 화쟁의 정치학에서 갈등은 그 자체가 문제적 상황이 아니다. 갈등의 상황은 오히려 각자만의 코끼리에서 벗어나 자유롭게 '온전한 코끼리'를 볼 수 있는 기회다. 갈등을 현안 해결과 더 큰 발전의 에너지로 만들어 가는 일, 그것이 바로 정치의 역할이다.

인간은 누구나 자신이 생각하는 옳음을 실천하려는 도덕적 본성을 가지고 있다. 정의감이 바로 그것이다. 그러나 자신의 옳음만을 정의라고 집착하면서, 다른 사람의 옳음을 인정하지 않는다면 사회는 분열되고 대립과 갈등은 증폭될 수밖에 없다. 지금 우리 사회에서 벌어지고 있는 갈등과 분쟁의 양상이 바로 그러하다. 지금 우리에게 필요한 것은 '나의 옳음'을 관철하고 '저들의 그름'을 타도하려는 독선적 정의감이 아니다. '나의 옳음'과 '저들의 옳음'이 공존할 수 있고, 서로의 옳음이 어떻게 다른가를 살펴보는 개시개비의 화쟁적 성찰이다. 화쟁적 성찰이 전제되지 않는 정의의 실현은 가능하지 않다.

화쟁의 정치란 다툼이 없는 평화를 말하는 것은 아니다. '다투되 평화롭게 다투는 것', 그것이 바로 정치다.

비정규직

승자만이 아닌,
일하는 자 모두가 권리를 갖는 나라

김혜진

스크린도어(안전문)를 수리하던 열아홉 살 노동자가 목숨을 잃었다. 인원이 부족한 하청업체 노동자들에게 안전 매뉴얼은 종이 쪼가리였다. 생명을 지키기 위한 절차는 노동자에게 책임을 뒤집어씌우는 도구가 되었을 뿐이다. 노동자의 생명과 안전이 '비용'으로 취급되고 존중과 권리가 사라진 시대이다. 국민소득 3만 달러 운운하는 나라에서 월 2백만 원이하의 임금을 받는 노동자가 절반이나 되고, 일을 하다가 죽는 이들이 1년에 2천 명이나 된다면 이것이 어떻게 정상일 수 있는가. 지금 사회는 노동자의 권리가 사라진 '비정규 사회'다.

비정규직은 삶을 잠식한다

1987년 노동자 대투쟁 이후 노동자들은 노동조합을 통해 임금 인상과 노동시간 단축을 이루었다. 노동자들이 조직적으로 목소리를 낼 수 있었기에 이 사회에서 시민권을 획득할 수 있었다. 그런데 그 권리로부터 배제된 것이 바로 '비정규직'이다. 기업들은 1990년대 중반부터 비정규직을 활용했지만 그때만 해도 대다수 시민들은 비정규직을 예외적이고 지속되어서는 안 될 고용 형태로 간주했다. 그런데 정부는 1998년 파견법, 2007년 기간제법을 시행함으로써 마치 비정규직이 정상적 고용 형태인 것처럼 만들려고 했다. '노동유연화는 세계적인 추세'라고 주장하면서 그 본질이 노동자의 권리 배제라는 점을 감추고자 했다.

비정규직 제도가 허용된 뒤 기업들은 신규 채용을 줄이고 상시 업무에 비정규직을 늘렸다. 비정규직 노동자들은 권리를 주장하기 매우 어렵다. 기업 안에서 노동자는 약자인데, 언제라도 해고될 수 있다는 점은 비정규직을 더 약자로 만든다. 지난해 고용노동부 통계를 보면 비정규직 노동자들의 임금은 정규직 임금의 65.5퍼센트에 불과하다. 정규직 임금도 높은 편이 아님을 감안하면 비정규직 임금은 매우 낮다고 할 수 있다. 차별시정제도가 시행되고 있지만 비정규직 노동자들이 차별시정을 신청할 경우 재계약되지 않기에 그 제도로부터도 소외되어 있다. 비정규직 노동자들의 저임금과 차별은 '비정규직'이라는 현실로부터 나온다.

노동자들은 살아남기 위해 회사에 순응하게 되고, 기업들은 이 점을 이용하여 안전장치 대신 위험 업무를 비정규직들에게 떠넘기고, 성희롱과 인격적 모욕, 폭언과 폭행, 가학적 노무관리로 선회한다. 이로써 일터는 무권리의 공간이 된다. 집단적 힘으로 이런 현실을 바꾸고자 해도 비정규직 노동자들은 노동조합을 만들기 어렵다. 계약직은 노동조합을 만드는 순간 재계약이 안 될 수도 있으니 쉽게 나서지 못한다. 하청 노동자들은 어렵게 노동조합을 만들어도 진짜 사장인 원청이 법적으로 사용자 책임을 지지 않으니 교섭이 이루어지지 않는다. 원청 사용주는 하청업체 폐업 등 부당노동행위도 마음대로 저지른다. 그래서 비정규직 노동자들의 노동조합 조직률은 2퍼센트대에 머물고 있다.

단지 일터에서만 권리에서 배제되는 것이 아니다. 저임금에 시달리는 비정규직 노동자들은 생존을 위해 장시간을 일하게 된다. 한국의 노동시간이 OECD에서 멕시코 다음으로 긴 것은 저임금 때문이다. 장시간 노동은 노동자를 피폐하게 만들어 사회적 존재로서의 삶을 누리지 못하게 만든다. 문화생활을 누리고 정치와 사회문제에 관심을 갖고, 공동체로서 다양한 활동에 참여하는 일은 꿈도 꾸지 못하게 된다. 고용 형태가 복잡해지면 책임 주체가 불분명하기 때문에 노동자들은 불만이 있어도 누구를 향해 불만을 이야기해야 할지 알기 어렵다. 때로는 그것이 사회에 대한 막연한 불만이 되어 사회적 불안으로 전이된다.

비정규직 확산으로 기업은 비용을 절감하는 것 같지만 그 비용은 누군가에게 전이되는 것이다. 비정규직 노동자의 고용보험 가입률은 66.7퍼센트밖에 안 되기 때문에 해고될 경우 친지에게 생계를 의탁하게 된다. 기업의 이윤을 위해 희생된 노동자들의 고통을 가족이 떠맡는다. 2013년 서울 성수역 스크린도어를 수리하다 사망한 노동자는 단순 변사로 처리되었고, 하청업체인 은성PSD만 30만 원의 벌금을 물었다. 이후 구의역 참사를 통해 스크린도어 수리 노동자 사망의 책임이 서울메트로에 있음이 밝혀졌지만 그때 원청은 아무런 책임을 지지 않았다. 기업이 아긴 비용은 노동자들의 죽음값이었던 셈이다. '비용' 때문에 노동자의 생명을 하찮게 여기는 서울메트로가 승객들의 생명을 소중하게 여길 리는 없다. 노동자의 위험은 승객의 위험으로 전이된다.

노동의 고역에서 벗어나려면

지금 노동은 고역이다. 경쟁사회는 계급사회가 되었고, 개인의 노력과 정진은 보상받지 못한다. 협업은 깨져 있고 노동자는 위계화되어 자존감을 잃고 있다. 미래에 대한 불안으로 삶은 황폐해진다. 이런 사회에 어떤 미래가 있는가? '기업의 발전'을 위해서만 존재하는 나라는 이미 가치가 없다. 기업과 정부는 비정규직 노동자의 고통이 마치 정규직 노동자들의 책임인 것처럼 이야기하지만, 노동소득분배율은 날이 갈수록 떨어지고 정규직 노동자들의 노동조건도 하락하고 있다. 대기업의 '나 홀로 성장'이 사회 전체를 고통에 빠뜨린다.

이제 우리 사회의 가치를 '이윤'에서 '권리'로 바꾸어야 한다. 노동자라면 어떤 권리를 누려야 하는지를 이야기해야 한다. 그리고 그 권리는 '누군가'에게만 해당하는 것이 아니라 '모든' 노동자가 누려야 하는 것이다. 그런데 우리 사회는 그가 중요한 일을 하는지 아닌지, 핵심업무인지 아닌지에 따라 노동자를 나누고 차별을 정당화한다. 하지만 이 사회는 '필요한 일'인지 아닌지가 중요할 뿐이다. 필요한 일을 하는 모든 이들은 차별 없이 정당한 권리를 누려야 한다는 사회적 원칙을 세워야 한다. 그리고 그 권리는 경쟁을 통해 승리한 자의 전유물이 아니라, 일하는 자 모두의 집단적 권리여야 한다.

일하는 이들은 생활 가능한 임금을 받아야 하며 최저임금이 대폭 인상되어야 한다. 노동자들은 함부로 해고되어서는 안 된다. 건강하고 안전하게 일할 수 있도록 노동시간을 줄여야 하고, 유해·위험 업무에 안전장치가 마련되어야 한다. 일하지 못하게 될 때에는 생존의 권리가 보장될 수 있도록 고용보험이 확대되고 실업부조제도가 도입되어야 한다. 모든 노동자는 자신의 노동조건을 결정하는 데 집단적으로 참여할 수 있어야 한다. 기업의 경영에 노동자와 시민사회가 참여하고 통제할 수 있어야 한다. 이를 통해 노동이 다른 이들과의 협업이 되고 노동자의 능력을 온전히 발현하며, 미래의 비전을 갖고 자신의 삶을 풍요롭게 할 수 있다면 이 사회는 더 행복한 사회가 될 것이다.

네 잘못이 아니야, 잘못은 사회가 한 거야

비정규직 없는 세상은 모두가 정규직인 세상으로 협소해질 수 없다. 정규직이 되었다고 권리가 저절로 생기지는 않기 때문이다. 비정규직이 없는 세상은 모든 이의 노동이 존중되고 노동자의 권리가 보장되는 세상을 의미한다. 그런데 우리 사회가 그런 사회를 만드는 비용을 감당할 수 있는가, 이렇게 하면 경제가 발전할 수 있는가를 묻는 이들이 있다. 그런데 문제는 '비용'이나 '발전' 여부가 아니다. 우리 사회를 구성하는 가치를 재구성해 보자는 것이다. 그 가치를 공유할 수 있다면 어떤 비용을 절감하고 어떤 제도를 만들어서 이 가치를 실현할 것인지에 대한 사회적 논의와 합의를 도출할 수 있다.

물론 이것은 쉬운 일이 아니다. 기업의 지배력이 전 사회에 미쳐 있고 수많은 사람들은 경쟁과 차별과 배제에 익숙해져 있으며 절망감도 크다. 하지만 구의역에서 사망한 스크린도어 수리 노동자를 추모하며 많은 이들이 '네 잘못이 아니야'라고 말했다. 그렇다. 잘못은 이 사회가 한 것이다. 많은 이들이 비정규직 문제를 자신의 잘못이라고 여기지 않고 사회의 문제라고 인식하기 시작했다. 그리고 추모를 통해서 자신의 목소리를 내기 시작했다. 이 작은 실천들이 한순간의 추모를 넘어 지속적인 실천이 될 때, 그리고 용기를 내는 사람들이 많아질 때 우리는 변화를 만들어 갈 수 있다. 우리에게는 더 많은 낙관과 용기가 필요하다.

환경

지속가능하고 '좋은 삶'이 가능한 민주공화국

하승수

내가 어릴 때에는 '미세먼지'라는 단어를 모르고 자랐다. 학교 운동장에서 뛰어놀다 보면 흙먼지가 일어날 때도 있었지만, 그 먼지는 자연 상태의 먼지였다. 요즘 문제가 되는 미세먼지처럼 화석연료 연소나 산업활동으로 인해 발생하는 인공적인 먼지는 아니었다. 최근 기준치 이상의 중금속이 검출되어 문제가 되고 있는 인조잔디니 우레탄이니 하는 것도 없었다. '기후변화'니 '지구온난화'니 하는 단어도 모르고 자랐다. 그런데 불과 30~40년 만에 세상은 완전히 바뀌었다. 얼마 전 미세먼지가 아주 심하던 날, 고등학생인 딸아이는 아침밥을 먹다가 "아빠, 나는 평생을 이 미세먼지와 함께 살아야 돼?"라고 물었다. 할 말이 없었다.

단지 미세먼지만이 문제가 아니다. 주변 곳곳이 위험으로 가득 차 있다. 수많은 피해자를 낳은 가습기 살균제 사건은 그것을 단적으로 보여 주는 사례이다. 자본의 탐욕이 통제되지 않는 순간, 아무것도 안심할 수 없다.

이런데도 30년 전에 비해 지금 청소년들의 삶이 더 행복하다고 할 수 있을까? 마시는 공기조차도 안심할 수 없고, 뛰어노는 운동장에서도 중금속에 노출되는 삶을 만들어 놓고, 기성세대라는 사람들이 청소년들에게 무슨 할 말이 있을 수 있나?

"아빠, 나는 평생 이 미세먼지와 함께 살아야 돼?"

이 모든 문제들의 원인은 '자본의 탐욕'을 방임하고 있는 대한민국의 정치·행정 시스템에 있다. 기업들이 돈을 벌기 위해서 시민들의 안전을 소홀히 할 수 있다는 것은 누구나 예측할 수 있는 일이다. 그것을 통제하기 위해 필요한 것이 정치이고 정부이다.

그런데 대한민국의 정치·행정은 자본의 탐욕을 통제하는 것이 아니라, 오히려 기업의 이윤을 보장하기 위한 수족 역할을 하고 있다. 제도를 허술하게 만들고, 그나마의 제도도 부실하게 운영한다. 아무리 자본주의 사회라고 하지만, 시민의 생명과 안전을 지켜야 한다는 최소한의 임무도 다하지 못하는 국가를 '국가'라고 부를 수 있을까? 지금의 대한민국은 민주공화국이 아니라 자본공화국일 뿐이다.

게다가 앞으로의 일을 생각하면 마음이 더 어두워진다. 대한민국은 '지속가능성'의 측면에서 최악의 상황으로 치닫고 있다. 2016년 5월 16일 미국 예일대와 컬럼비아대 공동 연구진은 전 세계 국가들을 비교한 '환경성과지수'(EPI: Environmental Performance Index)를 발표했다. 이 발표의 내용을 보면 대한민국은 공기 질 부문에서 전체 조사 대상 180개국 중 173위였다. 호흡을 통해 사람의 폐까지 곧바로 침투하는 초미세먼지(PM2.5) 같은 항목이 매우 심각했기 때문이다. 그런데 정부가 뒤늦게 내놓은 대책은 미흡하기 짝이 없다. 중국에서 날아오는 미세먼지에 대해서도 강력한 처방을 내놓지 못하고 있다. 국내에서 발생하는 미세먼지의 주요 원인 중 하나인 석탄화력발전소에 대해서는 낡은 것만 일부 폐쇄한다는 정도이다. 20개나 더 건설할 예정인 신규 석탄화력발전소에 대해서는 그냥 놔두겠다는 것이다. 대기업들이 짓고 있는 석탄화력발전소를 중단시킬 엄두도 내지 못하는 것이다.

원전 문제도 점점 더 수렁으로 빠져들고 있다. 후쿠시마 원전 사고가 일어났을 당시에 21개였던 대한민국의 원전 개수는 곧 26기로 늘어나게 된다. 그러나 미국의 스리마일, 소련의 체르노빌, 일본의 후쿠시마로 이어진 원전 사고의 재앙은 아직도 수습되지 않고 있다. 후쿠시마 주변의 아동들은 일본의 다른 지역 아동들에 비해 갑상선암 발병률이 몇십 배에 달한다는 얘기가 나오고 있다.

세계 모든 나라들이 대한민국처럼 원전과 석탄화력발전에 의존하는 것은 아니다. 이미 전 세계는 재생가능에너지로 전환하고 있다. 심지어 지금 우리에게 민폐를 끼치고 있는 중국마저도 원전과 석탄화력발전을 미래의 대안으로 생각하고 있지 않다. 중국은 재생가능에너지에 가장 많이 투자하고 있는 국가이다. 이미 중국에서는 재생가능에너지로 생산하는 전력량이 원전에서 생산하는 전력량을 넘어섰다.

끊임없이 벌어지는 토건사업도 마찬가지이다. 얼마 전 논란이 되었던 영남권 신공항은 백지화되고 김해공항을 확장하는 것으로 가닥을 잡았다. 그나마 다행이라고 할 수 있다.

그런데 일부 정치인들이 '새만금 신공항'을 거론하는 행태를 보이고 있다. 지금도 적자를 내는 지방 공항들이 수두룩한데, '신공항' 운운하는 것은 개발심리를 부추겨 정치적 이득을 보려는 것으로 볼 수밖에 없다.

그뿐만이 아니다. 전 국토가 거미줄 같은 고속도로, 국도로 뒤덮이고 있다. 시민들이 주유소에서 휘발유, 경유를 넣을 때 내는 교통·에너지·환경세가 이런 도로 건설에 낭비되고 있다. 요즘에는 민자도로 형식으로 건설되는 것들이 많지만, 결국 세금이 투입되고 있다. 수익을 보장해 주거나 토지 매입비 등 여러 명목으로 지원을 해 주기 때문이다.

이런 토건사업으로 인한 이익도 결국 대형 건설자본에 돌아갈 뿐이다. 건설경기는 일시적일 뿐, 환경을 파괴하고 예산을 낭비한다. 이런 토건국가 구조에서 벗어나야 하지만, 현재의 지역구 중심의 선거제도에서 국회의원들은 '자기 지역 토건사업 챙기기'에 몰두한다. 대통령 선거 때에도 후보들은 지역 토건 공약을 내세워서 표를 얻으려 한다. 그 결과 대한민국은 '토건공화국'이라는 오명에서 벗어나지 못하고 있다. 우리들의 삶을 위해서 쓸 수 있는 소중한 국가예산이 엉뚱한 곳으로 들어가고 있다. 이제는 콘크리트가 아니라 사람에게 돈을 써야 한다. 그것이 환경 파괴를 막는 길이기도 하다.

대안은 있다. 다만 채택되지 않을 뿐

지속가능한 사회로의 전환은 먹고사는 문제를 '다른 방식'으로 해결하는 것이기도 하다. 일자리가 줄어들고 있지만, 재생가능에너지와 관련된 일자리는 앞으로도 늘어날 가능성이 높다. 독일은 이미 재생가능에너지를 통해 36만 개 이상의 일자리를 만들어 낸 경험이 있다. 그래서 '녹색이 일자리'라는 얘기가 나오는 것이다. 또한 기본소득 같은 새로운 대안도 지속가능한 사회에 맞는 먹고사는 방식이다. 최소한의 소득이 보장되고, 그 소득을 바탕으로 사람들이 '다른 삶'의 가능성을 모색할 수 있어야 한다. 재원에 대한 걱정을 하지만, 조세개혁을 하고 토건사업에 낭비되는 예산을 기본소득 재원으로 돌리면 충분히 마련할 수 있다.

사실 대안이 없는 것이 아니라, 대안이 채택되지 않는 것이 문제다. 이미 세계 곳곳에서 대안이 만들어지고 있다. 원전을 줄여나가고 있고, 기후 변화를 막기 위해 에너지, 교통, 먹거리 등이 바뀌고 있다. 기본소득 같은 대안도 세계 곳곳에서 실험이 이뤄지고 있다. 미국 알래스카주에서는 35년째 모든 주민들에게 주민 배당금을 지급하고 있다. 핀란드는 국가 차원에서 기본소득을 정책으로 추진하고 있다.

이런 변화들은 모두 민주주의를 통해 채택된 것들이다. 오스트리아,

이탈리아 같은 국가들은 국민투표를 통해 원전을 폐쇄하기로 했다. 좋은 선거제도를 통해 녹색당 같은 새로운 정당이 국회로 진출하여 변화를 만들어 낸 독일 같은 사례도 있다.

그러나 유독 대한민국은 이런 흐름에서 비켜나 있다. 정치가 '자본'을 통제하지 못하고 있고, 대기업과 일부 자산계층의 입맛에 맞는 정책들만 편다. 시민들은 투표를 할 때에만 주권자로 대우받을 뿐, 그 외의 시간 동안에는 철저하게 '통치의 대상'으로 취급당하고 있다.

결국 문제를 바로잡을 방법은 민주주의를 제대로 하는 길밖에 없다. 대한민국이 민주공화국으로 다시 태어나야만 지속가능한 사회도 될 수 있다. 이를 위해서는 국가적인 의사결정 시스템의 개혁도 필요하고, 새로운 정치세력이 만들어지는 것도 필요하다. 특히 87년 민주화운동 이후 30년이 되어 가는 지금 시점에서 국가 시스템의 개혁이 정말 중요하다.

민주주의가 제대로 되려면 시민들이 직접 의사결정에 참여할 수 있는 국민발안, 국민투표, 국민소환과 같은 직접민주주의가 도입되어야 한다. 선거제도를 전면 개혁하여 정당 득표율에 따라 의석수가 배분되는 '연동형 비례대표제'를 도입해야 한다. 지역에서의 창의적 시도를 가로막는 중앙집권적 국가구조를 근본적으로 뜯어고쳐 분권화된 국가를 만들어야 한다. 경제·정치 전반에 퍼져 있는 특권구조를 깨야 한다. 이런 변화가 절실하게 필요하다.

지방

'지방'의 딜레마와
'지역감정'을 넘어서는 나라

김용규

　팔레스타인 출신 미국 문학비평가인 에드워드 사이드는『문화와 제
국주의』에서 미국인들이 미국 밖의 다른 나라 사람들의 삶에 얼마나 무
지한가를 비판한 적이 있다. 그는 미국인들이 자신의 정부가 아프리카,
인도차이나, 라틴 아메리카에서 무슨 일을 하고 있는가에 대해서보다는
야구, 농구 같은 스포츠에 훨씬 더 정통하다고 말한다. 다소 농담 섞인

얘기겠지만, 사이드가 비판하고자 한 점은 미국인들이 갖고 있는 '중심의 맹목적 무지', 즉 그들에게 세계란 곧 '미국'일 뿐이라는 것이다.

서울 바깥 지역은 모두 '지방'

이런 상황이 남의 나라 일만은 아니다. 미국보다 훨씬 작은 대한민국에서도 세계는 서울과 서울 아닌 것으로 나뉘어 있기는 마찬가지다. 한국에선 서울 바깥의 지역이 모두 '지방'으로 불린다. 그리고 지방은 근대적 발전에서 뒤처진 후진성, 문화적 역동성에 대립하는 편협성, 보편적 문화에 반하는 특수적인 주변성의 장으로 인식된다. 정치, 경제, 행정, 교육, 문화 등 거의 전 분야에서 서울 및 수도권 집중 현상이 극단으로 치닫고 있는 오늘날, 이런 인식은 더욱더 고착되고 있다. 강준만은 오늘날 서울과 지방 간 사회문화적 격차가 일제강점기의 동경과 경성 간 관계와 너무나 비슷해 깜짝 놀랄 지경이라고까지 말하기도 했다.

이런 현실에서 지역 문제는 중앙과의 노골적 대립관계를 형성하지 않는 한 잘 드러나지 않는 경향이 있다. 설령 드러난다 하더라도 지역의 주장들은 소외와 패배감에서 생긴 지역적 불만, 혹은 뒤틀린 지역감정 정도로 폄훼되기 쉽다. 하지만 이런 반응은 담론적 대화와 재현의 차원에서 지역이 중앙과의 관계에서 늘 불리한 입장에 있음을 잘 보여 준다.

현재 한국 사회의 가장 뜨거운 쟁점이 되고 있는 사드 배치 문제도 그것이 왜 지역의 생존에 직결된 문제인지, 그것이 지역의 삶에 어떤 근본적 변화를 낳게 될지 지역의 관점에서 제대로 다뤄지지 않고 있다. 지역 사람의 생존과 고뇌는 국가주의적 전략에 묻혀 버리거나 중앙의 미디어시스템을 통해 사라지고 만다. 지역은 항상 계도와 설득의 대상일 뿐 삶을 스스로 결정하는 주체로 간주되지 않는 것이다.

민주주의란 단순히 법적, 형식적 주권의 문제에만 한정되지 않는다. 민주주의의 실현은 우리가 어디에 살든 우리 삶의 자율성이 최대한 보장되고 있는가, 나아가서 우리 스스로 자신의 삶의 방향성을 결정할 권리를 갖고 있는가 하는 문제에 달렸다. 그렇게 보면 지역에서 민주주의 실현은 아직 가야 할 길이 멀다. 하지만 역으로 지역의 문제를 풀어 가는 것은 우리가 살아가야 할 나라, 즉 한국의 미래에 매우 중요한 의미가 될 수 있다. 지역 문제의 근원에 한국 사회의 반민주적 모순구조, 즉 지역에서의 삶의 자율성을 침해하면서 지역 간 격차를 재생산하고 이용하는 메커니즘이 작동하고 있기 때문이다. 나아가 그 구조는 지역 차원에서의 정치의식과 민주주의의 성숙을 차단하고 있다. 20대 국회의원 선거를 전후하여 지역주의를 만들어진 현실로 보려는 견해와 지역 모순을 강조하면서 특정 지역의 신성화에 맞서 세속화를 주장하는 견해 등 지역에 대한 본격적 논의들이 등장하고 있다. 하지만 그런 논의들에서 지역감정을 정치주의적 입장에서 이해하거나 한국 사회에서 '지역'이라는 조건이 갖는 공통적 이해는 간과되는 경향이 있다.

지역감정을 통해 한국 사회의 구조적 모순을 들여다볼 필요가 있다. 존재와 구조의 상호작용 속에서 주체의 아비투스가 형성되듯이, 감정은 모호해 보여도 구조 속에서 인간이 감각적으로 형성한 결정체다.

감정을 이해하려면 구조적 조건을 볼 필요가 있다. 지역문제의 발생 원인을 역사적으로 먼 과거로 거슬러 올라가 찾으려는 시도들도 있지만 보다 가까운 과거, 즉 1960년대 이후 개발독재와 그것이 추구한 경제개발에 주목할 필요가 있다. 그 영향이 우리 자신에게 더 직접적이기 때문에 지역감정의 분석과는 무관해 보이지만, 한국 사회 전체는 물론이고 그 내부에까지 지대한 변화를 가져왔다.

부산의 경우 1960년대에서 1970년대 중반까지 역사상 최고의 경제적 호황을 누렸다. 농촌에서 이주해 온 값싼 노동력을 기반으로 부산 경제는 높은 생산증가율과 부가가치를 통해 급속한 발전과 성장을 이룩하였다. 이 시기에 부산으로의 인구 유입도 서울 다음으로 급증하여 연평균 7퍼센트를 넘는 인구증가율을 보였다. 부산은 해방 후 인구 40만 명, 한국전쟁기 88만 명, 1965년 150만 명, 1972년 200만 명, 1975년에는 250만 명에 이르는 거대도시로 성장한다. 이 시기 부산의 제조업 부가가치는 전국 비중 22.3퍼센트를 기록하는 등 최고 전성기를 누렸다.

하지만 이런 유례없는 압축성장의 이면에 독특한 정치경제적 현상이 동시에 일어났다. 지역은 성장 과정에서 중앙으로 급속하게 통합되어 가는, 즉 성장과 종속의 이중 과정을 경험하게 된다. 한국경제가 세계경제 속으로 편입되면서 지역들 또한 국가 주도 경제개발에 의해 특성화 중심으로 편성되는 과정을 거치게 된다. 그 결과 기획, 설계, 관리, 경영 등의 행정관리 및 계획 기능은 수도권에 집중되는 데 반해, 지역은 중앙의 기획과 통제 아래 실행만 담당하는 특정 산업 중심의 생산지 혹은 원료 공급지로 배치되었던 것이다. 이런 성장 속의 종속, 이른바 '발전적 종속'으로 인해 지역은 자율적 재생산 구조를 잃고 외부로부터 강제된 특화된 기능만 떠맡게 된다.

사실 이와 같은 과정이 제대로 의식되지 못했던 것은 종속 과정 자체가 곧 성장과 발전의 과정이었기 때문이다. 발전 속에 있었기에 종속은 별 저항감 없이 받아들여졌던 것이다. 하지만 성장 속 종속에서 성장이 멈춘 후는 어떻게 될까? 특성화된 지역경제로 인해 지역은 지속적으로 경기부침 현상을 겪게 되고, 국가의 혜택을 둘러싼 지역 간 경쟁과 갈등은 더욱 치열해진다. 치열한 경쟁과 지속적인 위기 때문에 지역 내에 개발과 발전을 열망하는 근대주의적 욕망은 더 강력하게 작동한다.

이뿐만 아니라 다른 지역과의 경쟁의식 때문에 타 지역에 대한 선망과 원망이 뒤섞인 독특한 감정이 형성되기 시작한다. 자신의 지역에선 박탈된 기회가 다른 지역에 더 많이 주어져 있다고 상상하는, 즉 다른 지역이 더 많은 혜택을 누린다고 상상하는 욕망이 구성된다. 이런 구조 속에서 지역들은 공생과 연대가 아니라 경쟁의 관계로만 존재한다.

지역 민주주의 없이 민주주의는 완성될 수 없다

한국 사회에서 지역감정은 비교적 최근에 형성된 근대주의적 산물이다. 지역감정은 선거 승리를 위해 정치가들이 이용하려고 만든 현실이기도 하지만 그 뿌리는 더 깊은 곳에 있다. 실제 지역정치가들이 이용하고자 한 것은 바로 이런 양가적 지역감정이다. 어느 순간부터 지역에서 위대한 정치란 지역감정의 형성 조건을 근본적으로 문제 삼으면서 시민들과 함께 지역의 자율적 삶을 튼튼하게 만들어 가는 것이 아니라, 그러한 감정을 교묘히 이용하면서 중앙으로부터 더 많은 것을 획득해 왔다고 떠들어 대는 정치가 된 것이다.

지역에 따라 다소 차이는 있겠지만 지역감정은 유사한 구조를 띠고 있다. 최근 신공항 유치를 두고 영남권 내부에서 벌어진 지역갈등이 이를 잘 보여 준다. IMF(국제통화기금) 구제금융 사태 이후 거의 모든 지역의 경제적 전망은 암담한 상황이다. 경남이든 경북이든 부산이든 대구든 부실기업의 퇴출과 기존 특화된 산업의 급격한 쇠락을 겪으면서 인재들이 대거 빠져나가고 있다. 이런 상황이기에 신공항 유치는 두 지역 모두가 사활을 걸 수밖에 없는 블루오션이었다.

한국의 지역주의는 이런 구조 때문에 보수와 진보 사이를 끊임없이 동요할 수밖에 없다. 그것은 보수적이거나 진보적인 것이 아니라, 보수적이면서 동시에 진보적이다. 자율성을 상실한 지역주의란 선망이 현실이 될 때 보수적이 되었다가 원망이 쌓일 때 진보적이 되는 역설적 이중성을 띠게 된다.

지역문제는 결코 간단히 볼 문제가 아니다. 그것은 우리가 살고 싶은 나라의 실현을 가로막는 중대한 장애가 될 수 있다. 지역문제를 해결하지 않고선 한국 민주주의의 온전한 실현 또한 가능하지 않을 것이다. 이 문제를 해결하기 위해선 중심/주변의 불평등한 구조와 그로 인해 만들어진 지역감정을 해체하고, 지역적 삶 자체의 자율성을 강화할 수 있는 방안을 적극 모색해야 한다. 한국처럼 정치경제가 중앙집중화된 구조에선 문화 또한 동질화되고 획일화된다. 이런 구조에선 역동적이고 창조적인 문화가 탄생할 수 없다. 다양한 문화들이 가로지르고 섞이고 융합하는 문화적 생태계 속에서 새로운 문화는 형성될 수 있다. 단순히 권리를 분점하는 지방분권을 넘어서 지역문화와 삶의 자율성과 민주화를 촉진하고 지역 간 연대를 강화하는 문화생태계를 만들어 낼 필요가 있다. 지역 민주주의 없이 한국의 민주주의는 완성될 수 없다.

여성

불의에 맞서는
'공통 감각' 가지는 나라

류은숙

이 시리즈의 주제는 '우리가 살고 싶은 나라'다. 청탁을 받은 순간, 목에 탁 걸린 말이 '우리'이다. 여기서 '우리'는 누굴까? 나는 과연 '우리'에 포함될까? 정권과 불화하는 인권운동을 하고, 비혼에, 중년에, 돈도 없다. '포함'되는 데 걸릴 목록이 한두 가지가 아니다. 하지만 이런 항목들은 주류 질서와 다른 대안을 구상할 수 있는 자원이 될 수도 있다. 그러나, '여성'이라는 점도 다른 삶을 만드는 밑거름이 될 수 있을까?

대개 사람들이 대놓고 반대 못 하는 보편적 인권관에 따르면, 앞의 질문에 대한 답은 아주 간단하다. '우리'는 사상, 나이, 경제력, 성별, 지역, 출신 등에 상관없이 대한민국이란 정치공동체와 관계 맺는 모든 사람이어야 한다. '인간이라면 누구나 가치 있는 존재이며 누구나 그런 존재로서 존중받아야 한다.' '정치공동체는 인간 존엄성에 대한 존중을 제1 과제로 삼아야 한다.' 아직 충분히 실현되지 않은 이 선언은 그러나 '우리가 살고 싶은 나라'를 실천하는 데 무엇보다 중요한 전제이며 인권의 존재 의의다.

권리 위에 잠자는 자는 보호받지 못한다?

요즘 같은 세상에선 정치적인 입장을 떠나 누구라도 대놓고 공식적으로 '인권'을 부인하거나 반대하진 못할 것이다. '인권'이 명목상이나마 받들어지는 세상에서 권리를 요구하는 건 결코 구차한 일이 아니며, '동등한 인간으로서 존중해 달라'는 요구도 비참함이란 양념을 굳이 필요로 하지 않는다. "권리 위에 잠자는 자는 보호받지 못한다"는 금언처럼 말이다. 더욱이 가장 불리하거나 취약한 이들의 편에 서는 것이야말로 인권의 실천윤리이다.

그러나 무난하게 '인권'을 옹호할 수 있는 건 여기까지다. 가령 뿌리깊은 모순임에도 요즘 새삼 불거진 듯 보이는 '여성 혐오'와 관련된 논란에서처럼 권리나 존엄을 부르짖는 사람이 여성이라고 가정해 보자.

그 사람은 자신의 권리를 말할 때 폭력을 우려하거나 구차한 감정을 느끼는 등 상당히 혼란스러운 논란에 휩싸이기 십상이다. 부러 궁상떠는 게 아니라, 전반적인 여성의 권리 상황이 실제로 나쁜데도 그런 사실이 쉽게 받아들여지지 않는 것이다. 여성의 열악한 경제적·사회적 지위, 긴 그림자를 드리운 성차별의 역사, 여성에 대한 폭력 사건들을 아무리 얘기해도 '그것으론 부족하다'거나 '사실이 아니다'라는 의심과 부인에 맞닥뜨리는 수가 많다. '설명'을 요구하는 일이 너무 많아지는 것이다.

흔히 인권침해를 부인할 때 나타나는 공통된 형태들이 있다. 엄연한 인권침해를 없는 듯 취급하기, 전혀 다른 방식으로 해석하기, 그리고 간혹 인권침해의 사실을 인정하더라도 그 의미를 축소하거나 왜곡하기이다. 하나같이 여성인권침해를 부인하는 현상에 들어맞는다. 이런 '부인'에 동원되는 흔한 말이 '안 그런 여성(남성)도 있다'는 것이다. 이런 말들은 드러난 사회적 사실들을 덮으려 할 뿐 아니라 구조적 모순에서 개인적으로 탈출할 수 있다고 착각하는 가운데 나오는 것이 상당수다. 인권침해는 개별적인 가해자와 피해자 구도로만 나타나는 게 아니라 배후에 뿌리 깊은 역사와 맥락과 조건을 포함한다. 물론 문제가 되는 행위를 하지 않는 개인이 더 많을 수는 있다. 하지만 그렇게 '안 그런 개인'을 굳이 '여성' 또는 '남성'으로 호출하고야 마는 것이 성차별이다.

여성이 권리를 주장할 때 이에 대한 사회적 공분이 인색한 것이 현실이다. '인권은 공감을 발동으로, 연대를 동력으로 움직인다'고들 한다. '공감'은 불의한 일에 대한 공분을 포함한다. '생명, 자유, 안전'은 모든 인권규범의 앞머리에 나오는 인권 중의 인권이다. 국제인권규범에서는

'절대불가침'의 인권이라 표현한다. 이걸 위협당하면 정말 '긴급'한 것이고, 이에 대한 침해에 대해서는 본능적인 공분이 일어야 한다. 사람에게는 그런 '공분의 역량'이 있다는 게 인권의 믿음이다. 특히 생명과 신체적 안전의 유린, 일상을 위협하는 폭력 등에 대한 타전에는 즉각 응답해야 한다. 응답의 내용은 당연히 고통의 해소를 위한 것이어야 한다. 그런데 꾸물거리며 즉답을 안 할뿐더러 조롱과 더 위협적인 공포를 조성해 응대하는 일이 벌어져 왔다.

사실 인권의 역사에서 완벽하게 준비된 '순결한 피해자' 같은 건 없었다. 피해자를 되레 악마화하고 사회악이나 불순물로 왜곡·폄하하는 때가 많았다. 이에 맞선 '공분의 감수성'과 '인간 평등 사상'이 인권 진보의 동력이었다. 동등한 가치의 존엄한 인간에게 가해지는 비난, 모욕, 위협, 공격을 막아내며 부당한 고통을 허용하지 못하도록 함께 맞서는 일이었다.

"여기서 나가자!"

인권침해를 부인할 때 나타나는 현상 가운데 또 하나가 피해자기호의를 베풀어 달라는 호소는 받아 주되 권리를 요구할 때 불편해하거나 괘씸해하는 반응이다. 사회적 약자나 소수자에게 베푸는 '특전'은 수혜자의 태도가 마음에 들지 않을 때 언제든 시혜자가 철회하거나 훼손해 사달이 날 수 있는 것이다. 인권 투쟁의 소중함은 더 많은 자원에 접근할 수 있는 권리를 얻어 내거나 법·제도 등을 바꾸는 데만 머물지 않는다. 법·제도의 변화가 중요하지 않다는 게 아니라, 다른 차원의 성취가 중요하다는 것이다. 그것은 '존중'과 '자력화'이다. 내가 '주체'임을 자각하고 요구할 줄 아는 것과 우월한 위치에서 베푸는 것, 이것이 권리와 시혜의 핵심적인 차이다. 아무리 힘이 약해도 아무리 열악한 처지에 있어도 나에게는 인간으로서 당당히 요구할 자격이 있다는 권리 의식에 눈뜬 사람은 그 자체로 존엄하다. 호의는 베풀 수 있어도 권리는 인정하기 싫은 이들은 그런 '자력화'를 제일 두려워한다.

혐오란 일종의 두려움에서 생긴다. 위계에서의 우월함을 잃고 기존에 누리던 권력을 휘두르지 못하게 될까봐 상대방의 자력화를 방해할 때도 혐오를 이용하게 된다. 피억압자의 요구가 정당하고 강력할 때, 억압 세력은 호의와 아량으로 매듭짓기를 원한다. 하지만 '자력화'를 요구하는 쪽에서는 자신의 역량으로 실현할 수 있는 권리보다 현저히 낮은 수준을 받아들이라는 강요를 참을 수가 없다. 그런 강요는 겉보기에 '정상적'으로 보이는 체계 및 관계에서 일상적으로 발생하는 것이고, 자력화된 사람들은 지금 상태에서 나눠 갖기가 아니라 배분을 결정하는 권력 자체를 바꾸려고 하기 때문이다.

예를 들면 사회운동에서도 여성의 감정노동이 요구되고 전가된다. 대개의 삶이 힘든 상황이듯 운동사회의 조건도 정말 '빡세다'. 모자란 자원을 쥐어짜며 '희생과 도덕성, 대의명분에 대한 헌신, 선도적인 활동에 대한 자부심' 등을 강조하지만, 비판에는 취약하다. 고귀한 무언가에 '흠집'이나 '훼손'을 낸다며 반응하기 쉽다. '안 그래도 힘든데 너(너희들)마저 이럴 거야?' '우리의 진정성을 의심하는 거야?' '다른 말'을 들을 여유가 없다. 대표적인 '다른 말'은 운동 사회 내의 위계와 성 역할에 대한 지적이다. 사람 사이에도 위계가 있지만, 고통과 그 고통을 의제화하는 데도 위계가 있다. '누구나' 힘들다는 말로 '더' 힘든 누군가의 고통을 침묵시키려 든다. '누구나'의 고통을 위로한 다음에야 '다른' 성격의 고통을 얘기할 자격이 있다고 한다. 여기서 '누구나'는 흔히 억압받는 민중 등으로 표현된다. '다른' 고통을 말하는 쪽은 위로의 노동을 하고 나서야 자기 고충을 말할 자격을 얻을 수 있고, 운동 내부의 권력관계에 저항하면서도 부드럽게 말하고 상대방을 살피는 감정노동을 계속해야 한다. '사소한' 일로 '중대한' 투쟁에 발목 잡는다고 눈치받고 미움받는 역할을 감내해야 한다.

사회 운동은 기업제일주의나 공권력의 전횡, 경제성장 제일주의와 낙수 효과, 소위 사회평균치를 극대화한다는 선전 등에 맞서 왔다. 이른바 '여론'으로 포장된 공격들, 가령 '이제 그만해라' '발목 잡는다' '피곤하다'는 소리에 주눅 들지 않고 저항을 계속해 왔다. 내부로 눈을 돌려보자. 같은 내용의 말을 누가 주로 들어 왔는지. 성차별주의와 관행을 비판하는 소리는 여기에 덧붙여 '운동 망친다'는 소리까지 들어야 한다. 질문의 폐쇄, 선제 방어, 어정쩡한 사후 수습, 어느 것도 '진보'에는 어울리지 않는다. 인간 존엄성 침해의 근본 원인인 심층적 조건과 환경을 다루고 맞서는 것이 진보라 한다. 근본에 대한 질문을 더 많이 깊게 나눠야 하지 않을까?

"여기서 나가자!" 할리우드 영화에서 자주 쓰인 대사라 한다. 마찬가지 말을 하고 싶다. 차별하는 구조가 아니라 차별받는 사람이랑 싸우는, '여기서' 나가자. '우리'가 공통 감각과 공분으로 맞서야 할 불의는 차고 넘친다. 그런데 그 '우리'를 재구성하는 일 자체를 외면할 때 도대체 어떤 우리가 어떤 불의를 대면할 수 있을까.

대학 서열화 해체 및
입시 철폐의 길

이도흠

어느 시인은 대학이 세상에서 가장 아름다운 곳이라 노래하였다. 단지 풍경이 그런 것이 아니라 거기 세상을 통째로 집어삼킬 듯한 진리에 대한 호기심을 가진 이들이 모여 그를 탐구하고 계승하고 실천하면서 사회와 나라, 더 나아가 인류의 발전에 기여하였기 때문이다.

하지만 시장만능주의의 유령이 대학을 뒤덮고 있다. 신자유주의 체제는 자본제의 야만을 견제하던 모든 장치를 시장의 이름으로 해체하였다. 대학은 시장에 편입되고, 시장의 원리가 대학을 지배한다. 가장 공공성을 추구해야 할 영역이 교육인데, 국가는 교육을 통째로 사적 자본에 내주었고 자본의 관리, 운영 시스템이 대학을 장악하고 있다. 진리는 교환가치로 대체되고, 지성은 효율성 앞에 무너져 내렸다. 대학본부가 골몰하는 것은 백년지대계로서 교육이 아니라 취업률, 대학평가, 교수연구업적, 대학발전기금 등 계량적 수치다. 이것이 곧바로 정부와 기업의 지원과 기부금, 입학생의 점수를 좌우한다. 교육은 영혼마저 신자유주의화하고 있다. 정권이 강요한 신자유주의 교육이 내세우는 개인의 자율성 함양, 능력 개발, 수월성이라는 것은 학생을 인격과 덕성과 교양을 갖춘 전인적인 인간으로 기르려는 것이 아니라 개인 사이의 무한경쟁을 촉진하고 이를 합리화하려는 이데올로기 국가장치일 뿐이다.

이제 '진리 욕구의 실천 도량,' '국가와 사회의 건전한 발전을 이끄는 지식과 진리의 생산과 소통의 장', '양심과 비판지성의 보루'로서의 대학은 사라져 버렸다. 대학생은 새내기부터 취업에만 골몰하는 학원 수강생으로, 교수는 논문을 찍어 내고 프로젝트를 따내는 지식기사로 전락하였다. 낙엽이 떨어진 교정을 거닐며 사색을 하고 모여 앉아서 시국이나 인류의 미래에 대해 말하는 건 사치다. 자유로운 토론과 비판이 사라진 대학은 주인이 사라진 폐가처럼 을씨년스럽다.

대학의 미래는 그 사회의 미래다. 유럽 국가의 흥망은 대학의 흥망과 비례한다. 대학에서 생산된 진리가 발전의 원동력이 되고, 사람들의 삶에 새로운 지식과 상상력과 도덕을 제공하였기 때문이다. 더 늦기 전에 성찰과 혁신을 하지 않으면 우리의 미래는 없다. 정권마다 교육 개혁책이 수행되었지만, 대학 서열화 해체와 입시 철폐 없이는 어떤 대안이나 개혁도 미봉책이며 초중등 교육 또한 입시 위주의 파행성과 사적 자본의 종속에서 벗어나지 못한다. 당연히 혁신은 이를 향하여야 한다.

대학서열화 해체와 입시철폐의 단계적 방안

지금의 대학을 올바로, 근본적으로 개혁하려면 두 가지 전제가 필요하다. 하나는 대학을 자본 공리계의 구성요소로서 기업연수원으로 전락시킨 신자유주의 체제를 해체하거나 최소한 교육의 장만큼은 이에서 벗어나 공공성을 구현하도록 국가가 배려해야 한다. 다른 하나는 대학을 이데올로기 국가장치로만 국한시키면서 사적 자본에 포섭시키고 있는 관료들의 집단인 교육부를 해체하고 교육단체의 대표, 교수와 교사, 학생 등 교육 당사자들로 구성된 교육위원회로 대체하는 것이다. 장기적으로는 프랑스처럼 모든 대학을 공공화하여 무료로 운영해야 한다.

1단계: 특성화와 재정 지원 통한 거점 대학의 일류 대학화

진보 진영에서 대학 서열화 해체와 입시 철폐를 주장하지만 상당히 당위적이다. 하지만 필자는 '특성화'와 '재정 지원'을 매개로 대학과 지역의 산업과 문화를 연계하면, 이것이 '불가능한 꿈'이 아니라고 확신한다. 1970년대만 해도 부산대나 경북대의 입학 점수가 연·고대보다 높았다. 경상도 학생이 서울대라면 몰라도 연·고대에 지원하면 합격한다 하더라도 마을 어른으로부터 왜 부산대나 경북대를 놔두고 그 대학에 갔느냐는 핀잔을 들었다. 지방산업과 문화가 살아 있었고 그 중심의 역할을 지방 명문대가 담당하였기 때문이다. 하지만, 산업, 경제, 정치, 문화, 재정을 비롯하여 사람까지 서울로 과도하게 집중되면서 지방의 인재들은 서울 소재 대학과 기업만을 편애하게 되어 지방대는 2, 3류로 전락하였다.

1970년대까지는 대학의 특성화가 유지되었다. 한양대 공대, 홍익대 미대, 건국대 축산학과 등의 학생들은 일류, 심지어는 서울대보다 더 낫다고 자부하였다. 대학의 획일화를 가속화한 것은 대학종합평가와 사회적 추세다. 2002년부터 대학종합평가가 행해지고 그 결과가 언론에 공개되면서 그 서열이 입시와 재정 지원, 취업률에 영향을 미치게 되었다. 그러자 각 대학은 종합평가의 서열을 끌어올리는 일에 대부분의 재정과 인력을 투입하였다. 대학종합평가는 각 대학의 특수한 상황을 고려하지 않고 획일적으로 교수연구 업적, 교수당 학생 수, 취업률, 주당 수업시간 등을 측정하여 평가하였다. 이에 각 대학은 특성에 맞게 마스터플랜을 짜고 재정을 투여하기보다 대학평가 점수가 잘 나오는 방향으로 선택과 집중을 하였다. 기업과 언론, 시민 또한 각 대학의 특성보다 소위 'sky서성한'(서울대-연세대-고려대-서강대-성균관대-한양대)으로 불리는 기존의 대학서열과 대학종합평가 순위에 따라 대학을 평가하고 위상을 부여하였다.

세계 100대 대학의 서열은 재정과 정확히 비례한다. 모든 국립대학의 모든 전공을 단기간에 서울대 수준으로 끌어올리는 것은 불가능할 뿐만 아니라 바람직하지도 않다. 서울대를 제외한 9개 거점 국립대학을 교수진과 시설, 전통과 역사를 고려하되, 지방산업 및 문화와 연계하여 특성화하고 재정 지원을 한다.

우선 교육부를 대체한 교육위원회, 이것이 불가능하면 대통령 직속으로 노동부와 경제기획원, 교육부를 통합한 '미래위원회'(가칭)를 두고 국가균형발전의 차원에서 국가의 마스터플랜과 지역발전, 교육개혁을 통합하여 운영한다. 생명공학BT, 환경공학ET, 정보통신IT, 나노공학NT, 우주항공ST, 문화콘텐츠CT, 관계기술RT 등 한국의 미래 역점기술을 선정하고 이를 지역산업, 지역대학과 연계시킨다. 예를 들어 부산에 CT 산업단지를 세운다면 부산대의 CT학과에 집중 지원하고, 부산대에 CT연구센터를 세우고 이를 매개로 산학 협동을 한다. 여기서 연구한 학생들이 CT 산업단지 내의 연구소와 기업에 우선적으로 채용되도록 하고, 대신 기업에는 세제 혜택과 같은 인센티브를 주면 학문과 사회 발전, 연구와 고용의 선순환이 가능할 것이다. 인문사회 분야는 지역문화와 연계시킨다. 예를 들어 경북대학교와 유학 관련 문사철(문학, 역사, 철학) 및 문화콘텐츠학과를 지원한다. 매년 한 학교당 3천억 원에 이르는 재정을 지원한다. 지역의 기업과 연계시켜 이들 대학의 졸업생을 우선적으로 채용하도록 권장하고, 대신 세제 혜택과 같은 인센티브를 부여한다. 명문대의 유명 교수가 지방대학으로 옮길 경우 연봉, 교수 채용권, 연구 지원 등 파격적인 인센티브를 준다. 아울러 1단계에서 재단의 전횡을 막고 대학이 민주적으로 운영될 수 있도록 사학법을 개정한다.

2단계: 거점대학 중심 대학네트워크와 교양대학의 결합

1단계가 일정 정도 자리를 잡은 후에 9개 거점 국립대학과 주변의 국립대학을 네트워크하며, 사립대학에도 이를 개방한다. 대학네트워크 체제에 들어올 것인가 독립사립대학으로 남을 것인가에 대해선 각 대학이 선택하게 하되, 재정 지원을 달리한다. 대학네트워크 체제에 들어온 대학에 대해서는 특성화에 따른 재정 지원, 사립대의 경우 반의반값 등록금, 교양대학 지원, 국가교수 지원 등의 혜택을 부여한다.

사립대학은 대학네트워크에 들어오는 '지원사립대학'과 '독립사립대학'으로 이원화한다. 초기에는 명문대학이 독립사립대학으로 남을 것이지만, 차츰 대학네트워크에 들어올 것이다. 현재 명문 사립대학에 대한 정부 지원금은 2천억 원에서 3천여억 원에 달한다. 연구비와 같은 간접지원비를 제외해도, 직접지원비만도 5백여억 원에 달하므로 충분히 명문대학을 유인할 수 있다. 대학네트워크 실시 첫해에 60~80퍼센트, 2년차에 90퍼센트 이상의 사립대학이 네트워크에 들어올 것이다. 대학네트워크 체제에 들어온 학생은 자격고사만을 치르며 고교평준화 때처럼 공동(서울)학군과 지역학군으로 나누어 추첨으로 배정한다. 물론, 서울대와 독립사립대를 지원하는 학생은 입시를 본다.

이 과정에서 학부모의 저항이 있을 수 있다. 이에 대해서는 공교육을 강화하고 입시를 철폐할 경우 사교육비가 들지 않아 실질소득이 증가한다는 점, 1퍼센트만이 출세하는 사회에서 99퍼센트가 성공하는 사회를 지향하면 어떤 집의 자식이든 자신의 숨겨진 재능을 발견하고 이를 육성하여 나라의 동량이 될 수 있다는 점, 교육개혁의 장점을 들어 설득한다.

대학네트워크는 2년 과정의 국립교양대학을 운영한다. 네트워크에서는 자격고사만 본 후 공동선발을 한다. 이에 들어오는 학생에 대해서는 입시가 폐지되는 것이다. 학생의 배정은 서울을 공동학군으로 하고 나머지는 거점대학을 중심으로 지역으로 묶어 추첨한다.

중앙에 국립교양대학원, 대학네트워크의 거점대학에 지역 국립교양대학원, 각 대학에 교양대학을 개설하여 서로 유기적 연관관계를 맺도록 한다. 국립교양대학원은 교재 및 교수법 개발, 교사의 재교육 및 관리, 교수의 순환 및 파견, 각 거점대학 및 지역교양대학의 조정 업무를 맡는다. 지역교양대학원은 거점대학 산하 각 지역교양대학의 조정 업무를 맡는다.

교양대학의 1차 목표는 교양을 갖춘 시민, 창의력과 비판력과 공감 능력, 미적 감성을 가진 교양인을 양성하는 것이다. 교양대학의 교육이념은 자유와 평등·정의의 조화를 추구하는 가운데 비판적이고 창의적이면서도 타자의 고통에 공감하고 협력하는 주체를 형성하는 것이다.

교양대학의 교과는 창의력, 인성, 지성, 야성과 비판력, 문제해결 능력, 감성 및 공감 능력, 회통 능력을 기르는 교양을 중심으로 하되 이것만 가르치지 않는다. 개인의 잠재능력을 발견하고 계발하는 데 초점을 맞춘다. 인성 분야에서는 인격을 도야하고 성스런 세계를 지향하도록 이끈다. 인간의 길, 동서양 종교 읽기, 동서양 고전 읽기, 동서양 철학 읽기, 아름다운 삶(김구, 간디 등의 평전), 인류학, 심리학과 정신분석학 등의 과목을 가르친다. 지성 분야에서는 지식과 교양의 심화를 추구한다. 읽기와 쓰기, 자연과학 읽기, 지구과학, 생명학, 뇌과학 등의 과목을 가르친다. 감성 분야에서는 공감과 감성(능력)을 심화하고 예술의 감상과 이해 능력을 기른다. 창조력 실기, 한국 문학작품의 감상과 이해, 외국문학작품 감상(외국어 공부 겸함), 미학의 이해, 음악 감상, 미술 감상, 철학으로 문학작품(영화) 읽기 등을 가르친다. 야성 분야에서는 역사의식과 사회의식을 제고하고 비판력을 기르는 데 초점을 맞춘다. 비판과 토론, 논리학, 한국사회 읽기, 21세기 디지털 사회 읽기, 역사란 무엇인가, 세계사 등을 가르친다. 자기계발과 회통 분야에서는 타인과 나 사이의 상호관계 속에서 자신의 본성을 구현하고 진정한 자기실현을 하며 재미있고 행복한 삶 살기 등을 추구한다. 나는 누구인가, 행복학, 나와 타자, 공동체 등의 과목을 가르친다.

모든 학생은 한 가지 능력은 타고났다는 점에서 평등하다. 학생들이 교양과정을 통하여 세계를 이해하고 타자와 공감하며 인격을 도야하는 가운데 자신의 잠재능력을 발견하고 이를 계발할 수 있도록 이끈다.

지금의 비정규직 교수를 국가교수로 채용하여 이들이 교양을 맡도록 하며, 기존의 전임교수도 자신이 원할 경우 교양대학의 강좌를 운영할 수 있도록 한다. 중고등학교 교사, 혹은 사설학원의 강사 가운데 일정 정도의 자격을 갖춘 교사도 국립교양대학의 교수로 활용한다.

교양과정을 마치면, 3년 과정의 전공대학으로 진학한다. 이 경우 '성적 30퍼센트+바칼로레아식 논술 30퍼센트+적성 30퍼센트+인성 10퍼센트' 등으로 평가 내지 측정하여 전공대학을 배정한다. 전공지원 시 국립대와 지원 사립대를 교차하여 지원할 수 있다. 물론 초기에는 대학 서열화가 잔존하여 평가를 놓고 마찰과 갈등이 있을 것이며 입시를 2년 뒤로 미룬 것이란 비판을 받을 것이다. 하지만 특성화를 통한 대학 평준화 작업이 점진적으로 이루어지고, 개인 또한 취향과 능력에 따른 자기계발을 하고 물질적 행복보다 정신적 행복, 경쟁보다 상생을 추구하는 것으로 삶의 가치관이 변화할 것이며 소명과 진정한 자기실현으로서 직업을 선택하고 이에 부합하는 학교와 학과를 선택하려 할 것이기에 이는 빠르게 사라질 것이고, 종국에는 평가 또한 무의미해질 것이다.

특성화와 재정 지원을 통하여 9개 거점 국립대학의 특정 분야를 거의 서울대 수준에 가깝게 육성한다. 대학네트워크 체제에 들어온 사립대학도 특성화와 재정 지원에 의하여 특정 분야를 거의 연대나 고대 수준에 가깝게 육성한다. 이렇게 될 경우 독립사립대학으로 남은 대학(연고대 등 명문대 예상)도 대학네크워크 체제로 들어올 수밖에 없을 것이며, 서울대도 대학네트워크로 들어올 것이다. 독립사립대학과 서울대가 들어올 경우 입시는 완전 폐지된다. 국립교양대학도 전국으로 확대된다. 이렇게 되면 대학입시를 완전히 폐지하고, 거점별·전공별 완전한 공동 선발과 공동학위제를 실시한다.

3단계가 이루어지고 나면 4단계로 서울대학(학부)을 전공별로 나누어 거점대학으로 분할하고, 대학원은 유지한다. 이후 거점대학을 중심으로 각 지역의 대학을 공동학위대학으로 네트워킹한다. 사립대학도 거점사립대학을 중심으로 주변의 사립대학을 공동학위대학으로 네트워킹한다. 최종 학제는 초등 5년, 중고등 5년, 교양대학 2년, 일반대학 3년이 된다.

이를 행하는 데는 대략 매년 10조 원의 재정이 소요된다. 물론, 교육예산을 국내총생산(GDP) 대비 0.7퍼센트에서 OECD 평균 수준인 1퍼센트로 증액하면 되지만, 별도로 거두거나 증액하지 않아도 예산 확보는 가능하다. 부자감세 20조를 이명박 정권 이전으로 되돌리면 충분히 쓰고도 남는다. 이제 남은 것은 지혜와 의지, 그리고 꿈을 꾸는 자들의 연대다.

교육의 미래는 그 사회의 미래다

교육은 많이 배운 이가 그렇지 못한 이를 가르쳐서 진리와 지혜를 계승하는 것이 아니다. 교육은 피교육자를 깨닫게 하여, 피교육자 속에 내재한 신—곧, 현실에 대한 예리한 인식과 현실을 넘어선 꿈, 다른 이들과 자연과 예술을 사랑하고 소통하려는 마음과 능력, 타자의 고통에 대한 공감—을 드러내고 교육자 또한 이 과정을 통해 깨달음과 본성을 구현하는 실존 행위다. 교육이란 교사와 학생 모두가 상호생성자로서 교사가 학생을 발달·완성시키고, 완성된 학생을 통해 다시 자신을 발달·완성하는 부단한 상호작용의 행위이다(이것이 필자가 이론화한 공감·협력교육의 핵심이다). 이런 교육이념에 맞게 대학 교육의 이념, 체제, 교과과정을 혁신적으로 전환하고 모든 교육을 공유화하여야 한다.

이제 자기 앞의 세계를 바르면서도 비판적으로 해석하며 존재에 대해 성찰하고 의미를 지향한 실천을 하고, 적(노동), 녹(자연과 생명), 보(여성과 소수자)의 고통에 공감하여 연대하는 눈부처–주체로 거듭난 학생들이 이데올로기 국가장치와 기업연수원을 진정한 진리를 탐구하고 함께 인류의 건전한 미래를 도모하는 비판과 지성의 산실로 전환해야 한다. 그것이 모든 학생들을 자유롭고 창의적이면서도 타자와 공존하는 주체로 키우는 길이자 21세기를 선도하는 인재로 육성할 수 있는 방안이기도 하다.

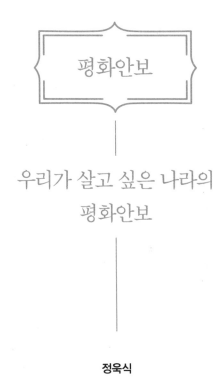

평화안보

우리가 살고 싶은 나라의
평화안보

정욱식

우리나라는 '안보 과잉' 사회다. 반면 평화를 말하면 안보를 무시하는 순진한 발상이라는 비판이 곧잘 나온다. 북한과 군사적으로 대치하고 있고 그 북한이 핵과 미사일을 보유하고 있는 현실을 고려할 때, 전혀 이해할 수 없는 현상은 아니다.

안보와 평화에는 교집합과 차집합이 있다. 특히 우리나라의 현실에선 그렇다. 안보와 평화 모두 '전쟁 부재의 상황'을 선호한다. 이게 교집합이다. 하지만 차집합도 존재한다. 안보 중심의 접근에선 강력한 군사력을 바탕으로 전쟁 억제를 추구한다. 억제에 실패하면 승전과 무력 통일을 추구한다. 반면 평화 중심의 접근에선 남북한의 화해와 협력, 군사적 긴장 완화와 군비 통제, 그리고 비핵화와 평화체제 구축, 더 나아가 평화적 통일을 추구한다.

어느 것이 더 바람직하고 현실적인 경로일까? 안보론자들은 "평화를 원하거든 전쟁을 준비하라"는 말을 즐겨 사용한다. 그런데 "전쟁이 일어나는 가장 큰 이유는 전쟁이 일어날 것이라는 믿음에 있다"는 말도 있다. 이러한 상황은 한반도에서 언제든 실제로 벌어지고 있다. 북한을 압도하는 공격 능력을 갖춘 한미동맹이 수시로 군사훈련을 벌이면, 북한은 이를 한미동맹의 전쟁 준비로 간주한다. 반면 북한이 핵과 미사일 능력을 강화하면, 한미 양국 내에서는 북한의 전쟁 준비로 인식하는 경향이 커진다. 그것이 프로파간다이든, 과대망상이든 말이다.

진짜 안보는 무엇인가?

그러나 안보는 국방이나 군사와 결코 동의어가 아니다. 일반적인 의미에선 외교와 국방을 두 축으로 삼고, 한국적 현실에선 남북관계라는 또 하나의 축이 제대로 정립되어야 '진짜 안보'를 구현할 수 있다. 그래서 우리가 꿈꾸는 나라의 평화안보는 국방-외교-남북관계가 선순환을 그리면서 전쟁 가능성을 제거하고 평화 공존과 통일지향적인 남북관계를 만들어 내는 것이어야 한다.

어디서 그 길을 찾을 수 있을까? 이건 미국의 레이건과 소련의 고르바초프가 총성 한 방 울리지 않고 냉전을 종식할 수 있었던 지혜에서 찾을 수 있다.

냉전식 일방적 안보는 '상대방을 불안하게 만들어야 내가 안전해진다'는 사고에 기반을 두고 있었다. 그래서 수만 개의 핵탄두도 만들고 일촉즉발의 상태도 유지했다. 하지만 결과는 '나도 더 불안해진다'는 것이었다. 절대안보를 추구하는 망상이 절대불안을 야기한다는 값비싼 교훈을 길어올린 것이다. 반면 탈냉전식 공동 안보는 '상대방이 안전해진다고 느낄 때, 비로소 나도 안전해진다'는 발상의 전환에 뿌리를 두고 있다. 고르바초프는 이러한 신사고를 선보였고 레이건도 이에 호응하면서 냉전 종식이 가능했던 것이다.

북한의 위협을 비롯한 한반도 문제도 이런 정신으로 풀어야 한다. 외교적 고립이든, 경제적 제재든, 군사적 위협이든, 참수작전과 정권교체와 같은 지도부 제거 위협이든, 북한을 불안하게 만들어야 핵과 미사일 문제를 해결할 수 있을 것이라는 일방적 사고는 실패한 정책을 되풀이할 뿐이다. 물론 북한의 위협이 존재하고 정전 상태가 유지되는 상황에선 대북 억제력이 필요하다. 실제로 한미동맹은 강력한 대북 억제 태세를 보유하고 있다.

그러나 사드를 비롯한 미사일방어체제(MD) 강화는 억제를 넘어선 것이자 과유불급의 우를 범하는 것이다. 단호하면서도 절제력 있는 억제력을 유지하면서 대화와 협상에 적극 나서고, 북한의 안보 우려 해소를 포함한 상호간 위협 감소 조치를 취해 나가야 한다. 이를 바탕으로 한반도 정전체제를 평화체제로 전환하면서 북핵 해결을 도모하려는 자세가 필요한 것이다.

안보라는 이름으로 인권과 민주주의를 해치지 말아야

우리가 꿈꾸는 나라의 평화안보는 인권과 조화를 이루는 방향으로 나아가야 한다. 분단과 전쟁, 그리고 정전체제가 중첩된 '코리아의 냉전'에서 가장 외면당하고 억압받아온 가치는 인권이라고 할 수 있다. 북한은 세계 최악의 인권 탄압 국가로 거론되고 있다. 개인의 권리라는 개념조차도 찾아보기 힘든 인권관의 부재, 집단주의와 3대 세습 체제로 상징되는 정치적 후진성, 정치범 수용소의 존재 등은 북한 체제의 문제의 심각성을 보여주는 단면이자, 국제사회 대북 비난의 주된 소재이다. 정도의 차이는 크지만 남한 역시 인권이 후퇴하고 있어 큰 우려를 자아낸다. 북한과 안보라는 단어는 인권 탄압과 민주적 가치 훼손의 편리한 도구로 악용되기도 한다.

특히 우리나라의 가장 큰 병폐는 북한이나 안보 문제를 정치적으로 이용해 온 악습에 있다. 이는 반공을 국시로 삼았던 이승만 독재정권이나 이후 군사정권에 국한된 문제가 아니다. 이러한 현상은 이명박-박근혜 정권 9년간 더욱 심각해졌다. 최근의 몇 가지 예만 봐도 그렇다. 2012년 대선 국면에서 이명박 정부와 새누리당은 '노무현이 북방한계선(NLL)을 포기했다'며 남북정상회담 일부 발췌본을 자의적으로 해석해 무단 공개했고, 국가 안보기관들이 총동원돼 종북몰이에 나섰다.

박근혜 정부에선 이러한 현상이 더 심해졌다. 국정원은 대선 개입 정황이 구체적으로 드러나자 "명예를 지키겠다"며 정상회담 대화록 전문을 무단 공개했다. 그래도 성이 차지 않았는지, '이석기 내란 음모 사건'을 터뜨리고 서울시 공무원을 간첩으로 몰기 위해 증거까지 위조했다. 사이버 사령부의 선거 개입 사실이 드러나 궁지에 몰렸던 국방부는 북한 위협을 호출해 비판 여론을 희석시키려고 했다. 김관진 장관(전 청와대 안보실장)은 여러 차례에 걸쳐 2014년 1~4월에 북한이 도발할 것이라고 주장했다. 무인기 문제를 처음에는 별것 아닌 것처럼 다뤘다가 보수 언론의 광기 어린 여론몰이에 편승해 "심각한 위협"이라고 둔갑시켰다. 급기야 국방부 대변인은 2014년 5월 중순 북한을 두고 "빨리 없어져야 할 나라", "지킬 가치가 없는 나라"라고 말했다. 군이 정치화된 전형적인 사례로, 세월호 참사와 지방선거 국면에서 북풍을 유도하려는 것이 아니라면 이해할 수 없는 언행이었다. 이후에도 재미동포 신은미 씨와 황선 전 민주노동당 부대변인이 2014년 11월부터 시작한 '통일 콘서트'를 '종북 콘서트'로 몰아 국가보안법의 칼날을 들이댔다. 급기야 박근혜 정권은 통합진보당에 종북이라는 낙인을 찍고는 강제 해산 절차를 밟았고 헌법재판소도 이에 호응하고 말았다.

최근 한국을 집어삼키고 있는 사드 문제도 박근혜 탄핵 및 조기 대선에서 국면 전환용으로 악용되었다. 박근혜 정부는 국민적 숙의와 국회 동의를 밟았어야 할 사드 배치를 '대통령의 결심' 한마디로 밀어붙였다. 탄핵 국면에선 조기 대선을 염두에 두고 당초 2017년 12월로 예정했던 배치 시기를 앞당겨 기습 배치했다. 사드 배치를 반대하거나 연기 주장을 펴는 사람들은 '종북', '친중 사대주의'로 몰아붙였다.

이러한 일련의 종북몰이는 우리사회에 심각한 경종을 울리고 있다. 사상과 표현의 자유라는 자유민주적 가치와 헌법상의 권리는 서로를 이해하고 배려하는 문화 속에서 그 생명력을 얻을 수 있다. 정부와 언론이 이러한 문화 형성에 앞장서야 한다는 것도 당연하다. 그러나 이러한 가치와 권리는 '종북'이라는 중세 시대의 마녀사냥식 여론몰이 앞에선 곧잘 질식하고 만다. 하여 우리가 만들어야 할 진짜 안보는 안보라는 이름으로 인권과 민주적 가치를 훼손하는 것이 아니라 인권과 민주주의를 보호하고 증진하는 것이 되어야 한다.

국방비를 '동결'한다면

또 한 가지 중요한 문제는 평화안보와 복지와의 관계이다. 즉, 이젠 '보통사람에게 한반도 평화란 무엇인가'라는 근본적인 질문을 던져 볼 필요가 있다는 것이다. 이러한 문제 제기는 정권의 성격을 초월하는 것이다. 가령 김대중-노무현 정부 10년간 남북관계와 한반도 평화의 진전에도 불구하고 서민들의 삶의 질은 지속적으로 악화되었다. 이처럼 한반도 평화 프로세스가 보통사람들의 삶의 질을 개선하는 데 피부로 와닿을 정도로 기여하지 못한다면, 평화와 통일에 대한 시민들의 관심과 지지는 반감될 수밖에 없다. 따라서 중요한 것은 '과정으로서의 평화', '피부에 와닿는 평화'를 만드는 일이다. 그리고 이 둘 사이의 조합에는 평화안보 프로세스에 군비 동결과 군축을 포함시킴으로써 평화의 진전에 걸맞은 '평화배당금'(peace dividend)을 만드는 것이 있다.

'과정으로서의 평화', '피부에 와닿는 평화'를 통해 평화의 혜택이 한반도 주민에게도 균등하게 퍼질 수 있게 하기 위해서는 국방비 증액 자제 등 군비 증강의 억제가 필수적이다. 그러나 남북관계와 한반도 평화의 새로운 장을 열었다는 6·15 공동선언 이후부터 노무현 정부 임기 때까지 한국의 국방비는 급격하게 늘어 왔다. 2000~2008년 남한의 국방비는 14조 5천억 원, 15조 4천억 원, 16조 4천억 원, 17조 5천억 원, 19조 1천억 원, 21조 5천억 원, 22조 5천억 원, 24조 5천억 원, 26조 6천억 원이다. 그런데 반사실적 가정을 통해 2001년부터 국방비를 6·15 공동선언이 채택된 2000년 수준으로 동결했다면, 8년간 약 46조 6천억 원의 예산을 절감할 수 있었다. 이렇게 절감된 예산을 사회복지와 교육에 사용했다면 우리 국민들의 삶의 질은 상당히 개선되었을 것이다.

그런데 이는 과거의 문제만은 아니다. 문재인 대통령은 지난 대선 과정에서 집권시 국방비를 현재 GDP 대비 2.6퍼센트에서 3퍼센트까지 올리겠다는 입장을 밝힌 바 있다. 이렇게 되면 한국의 국방비는 현재 40조 원에서 조만간 50조 원을 돌파할 날도 얼마 남지 않게 된다. 그러면서도 복지비를 대폭 확충하겠다는 공약도 제시하고 있다. 저성장이 고착화되고 복지 수요는 크게 늘고 있는 현실에서 국방비와 복지비의 동시적 대폭 증액이 과연 가능할까라는 의문이 드는 대목이다.

그렇다면 향후 5년간의 국방비를 올해 수준에서 동결하면 어떤 결과가 나올까? 국방비를 GDP 대비 3퍼센트로 올리려면 최소한 매년 10퍼센트 정도의 국방비 인상이 필요하다. 반면 올해 수준으로 동결하면, 5년간 30조 원 정도의 예산을 절감할 수 있다. 이를 국민들의 복지 향상에 사용한다면 어떨까? 우리 사회에서 본격적으로 '총과 밥'의 논쟁이 필요하다는 것을 보여 주는 지표가 아닐 수 없다.

기실 평화(平和)라는 어원이 의미하듯이 평화는 근본적으로 "공평하게 먹게 할 수 있을 때", 즉 모든 사람들의 생존권과 복지가 보장될 때 비로소 공고해질 수 있다. 평화 구축을 통해 복지가 증진되고, 복지가 증진되어 평화가 더욱 공고해지는 선순환적 평화-복지 구조를 창출해야 한다. 우리가 국가간의 평화, 정부간의 평화를 넘어선 보통사람의 평화도 함께 고민해야 할 까닭이 바로 여기에 있다. 그리고 그 출발점은 이미 북한의 GDP를 추월한 남한의 국방비를 '동결'하는 일부터다.

계속 지체되고 있는 대체 복무제 도입 역시 인권과 복지의 관점에서 대단히 시급해지고 있다. 연평균 800명 안팎의 양심에 따른 병역 거부자들이 감옥에 갇혀 있고, 1인당 교도소 수용경비는 연간 2천만 원 정도이다. 양심을 감옥에 가두기 위해 연간 160억 원 정도를 낭비하고 있는 셈이다. 그런데 정부는 장애인, 치매 노인, 독거 노인, 저소득 계층 아동들에 대한 돌봄 서비스를 강화해야 한다는 사회적 요구를 예산과 인력 부족을 이유로 외면해 왔다. 이러한 현실은 대체 복무제를 도입하면 예산상의 추가적인 큰 부담 없이도 사회적 최약자들에게 도움의 손길을 보다 넓고 깊게 내밀 수 있다는 것을 말해 준다. 가령 대체 복무기간을 30개월로 상정할 경우 연간 2천 명 안팎의 돌봄이들을 큰 예산을 들이지 않고도 확보할 수 있기 때문이다.

결론적으로 우리가 살고 싶은 나라의 평화안보는 '국민 행복'을 중심에 두어야 한다. 끊임없이 군사적 긴장과 군비 경쟁을 야기하는 일방적 안보에서 화해 협력과 비핵화와 평화체제를 동시에 추구하는 협력적 안보로의 전환이 절실하다. 안보라는 이름으로 국민의 기본권을 억압할 것이 아니라 국가안보와 인간안보의 조화로운 발전을 도모해야 한다. "국민이 행복해야 국가안보도 튼튼해진다"는 지극히 당연한 말은 '헬조선'을 극복하지 않는 한, 공허한 메아리로 끝날 것이기 때문이다.

사법개혁

국민을 위한, 국민에 의한, 국민의 사법

이재승

실제로 우리는 나쁜 사법의 역사를 가지고 있다. 근대적인 사법제도는 갑오개혁을 통해 도입되었으나 일제에 의해 억압적인 관료사법으로 변질되었다. 해방 이후 한국의 사법은 분단체제 아래서 비판세력을 살육하는 냉전사법으로 거듭났다. 법원은 정치적인 사건에서 불법감금과 고문 사실을 폭로하는 피고인들의 주장에 귀를 틀어막고 죄 없는 자에게도 사형을 선고하였다. 계급적으로 기울어진 운동장에서 법원은 노동자, 사회적 약자, 비판적인 인물의 요구를 외면하거나 권리구제를 부당하게 지연시켰다. 사법살인, 파쇼검찰, 고등계형사, 친일파 판사, 계급사법, 정치재판은 한국 사법의 초상이었다. 이 일그러진 얼굴이 역사적인 추억이기만 하겠는가! 부당한 재판과 법 왜곡을 바로잡고 그러한 재판에 관여한 법조인의 책임을 추궁하는 것이 사법개혁의 시작이지만 그들의 책임은 논의조차 되지 못한다.

어두운 역사와 사법개혁의 이념

사법은 법이 무엇인지 선언하는 작용으로서 입법작용을 전제로 하며, 정의로운 법체계를 확립하는 것이 선행과제이다. 법이 부정의하다면 정의로운 판결도 논리적으로 기대하기 어렵기 때문이다. 그런데 이 말도 최종적인 판단은 아니다. 정의로운 법관은 악법에 맹종하는 것이 아니라 법의 결함을 치유함으로써 법과 정의의 간극을 줄일 수 있기 때문이다. 더구나 현대의 법치국가는 법과 정의의 갈등에서 법관에게 순교자의 위험을 지우는 대신에 합법적인 조정권한을 제도적으로 인정하고 있다.

재판의 이념을 정의라고 단언할 수 있다. 강학상(講學上)으로는 재판의 이상을 적정, 공정, 신속, 경제로 세분한다. 적정은 실체적 진실과 법적 판단이 부합하는 것을, 공정은 당사자들이 법정에서 공격과 방어의 기회를 공평하게 향유하는 것을, 신속은 과도한 지연이나 졸속에 빠지지 않고 적시에 판결이 이루어지는 것을, 경제는 권리구제에 따르는 비용이 합당한 수준에서 결정되는 것을 가리킨다.

최적의 판단은 시지도 떫지도 않고 제철에 농익은 과일로 비유된다. 그러한 판결은 모든 이상을 조화적으로 충족시킨다. 그래서 4대 이상은 사법개혁의 기준이라고 볼 수 있고, 이러한 이상을 구체화하는 정책과 조치들이 바로 사법개혁이다. 그런데 사법개혁은 관점에 따라 그 강조점이 달라진다. 평범한 시민, 변호사, 검사, 판사, 원고, 피고인, 배심원 또는 법조인을 꿈꾸는 가난한 청년 등 누구의 눈으로 법을 볼 것인지에 따라 사법개혁의 중점은 달라질 수 있다. 형사소송에서 진실을 똑같이 말하더라도 범죄자를 반드시 처벌해야 한다는 측과 무고한 사람을 처벌해서는 안 된다는 측은 대립할 수밖에 없고 무엇을 중시하느냐에 따라 제도의 형상도 달라진다.

제도개혁은 개인의 권한 강화와 민주주의의 심화를 동시에 추구할 때 가능하다. 우리나라에서는 87년 민주화 이후, 특히 김영삼 정부 이래로 사법개혁을 지속적으로 추진해 왔다. 형사소송법의 개정을 통해 일상적으로 남용되었던 인신구속제도를 통제하면서 불구속재판의 관행을 형성하기 시작하였고, 법조인에 대한 공익활동을 의무화하고 법조윤리를 교육하고, 법률구조사업을 확대하고, 법조비리의 온상인 전관개업을 제한하고, 국민참여재판을 시행하고, 로스쿨의 도입으로 법률가 양성제도를 변화시켰다. 그럼에도 불구하고 사법개혁은 한국사회의 개혁과제에서 빠지지 않는다. 그간에 논의된 사법개혁의 주요과제들을 몇 가지 소개해 보겠다.

사법개혁의 방안들

첫째, 고위 법관의 인선방식을 개선해야 한다. 과거에는 최고권력자의 의중에 따라 법관의 운명이 결정되었지만 법원의 자율성이 강화되면서 관료제가 정착되었다. 그러한 관료제는 엘리트 사법을 더욱 공고하게 만들었다. 외부의 민간인이 참여하는 법관인사위원회가 도입되었지만 기업의 사외이사처럼 허구화되었다. 사법개혁의 측면에서 보자면 법관인사위원회는 시민의 이익을 위한 사법옴부즈맨으로 재탄생해야 한다. 시군구 의원까지 선출하는 시대에 각급법원장, 대법원판사, 헌법재판관 정도는 일반시민이 직접 선출하거나 인선과정에 시민이 적극적으로 개입할 수 있는 장치를 두어야 한다. 오늘날 헌법재판소의 정치적 중요성이 최고조에 이르렀다. 그런데 대통령, 국회, 대법원이 헌법재판관의 인사권에 대한 지분을 봉건적으로 삼등분하였다. 이는 대체로 최고사법기구에서 보수파들이 과잉대표성을 누리는 결과를 빚어 놓았다. 헌법재판관들의 정체성은 한국사회의 다양한 정치적 스펙트럼을 실질적으로 반영해야 한다. 지금처럼 최고권력자나 권력의 상층부에 조직구성을 사실상 위임하는 방식은 국민에게 유해한 것이다. 고위 법조직의 인선에 시민들이 관여하여 공익을 대변할 수 있는 제도를 설계해야 한다.

둘째, 재판을 법률가들의 잔치가 아니라 보통사람들의 양식과 감정이 작동할 수 있게 재구성해야 한다. 법과 현실의 괴리를 막고 법문화를 발전시키기 위해서 보통사람들의 법감정을 수용해야 한다. 사법개혁의 구상 중에서 전통적으로 참심제와 배심제가 논의되었다. 참심제는 법관과 비법률가가 함께 재판하는 방식으로 독일에서 시행되어 온 것이고, 배심제는 무작위로 선정된 시민들이 재판에 관여하는 방식이다. 과거에 아테네에서는 배심제가 유일한 재판형식이었고 오늘날에도 영미법계는 배심제를 채택하고 있다. 우리나라는 국민참여재판을 도입하였지만 재판의 대상 범위를 매우 협소하게 인정하고 배심원들의 평결을 참고사항으로 삼는 까닭에 영미식 배심제에 미치지 못한다. 국민참여재판을 확대하고 평결의 구속력을 인정하는 것이 필요하다. 참여재판의 법적인 품질을 의문시하는 것은 보통사람들의 공적인 양식과 책임감을 부정하는 발상이다. 한걸음 더 나아가 위헌법률심판을 포함하여 정치적인 사안에서 헌법재판소 대신에 헌법배심제를 실험하는 것도 필요하다. 이 경우 헌법배심제는 사법의 민주화를 넘어서 엘리트 사법에 대한 민주적인 보완이며 변형된 국민발안이라고 할 수 있다.

셋째, 형사사법절차를 인권의 관점에서 통제하고 공정한 재판을 받을 수 있는 기회를 모든 시민에게 실질적으로 보장해야 한다. 인신구속과 기소에 대하여 절대적인 권한을 보유한 검찰 권력의 폐해는 늘 지적되었다. 형사소송에서는 일반적으로 경찰과 검찰의 수사단계에서 첫 단추를 잘 꿰는 것이 중요하다. 초동단계에서 변호인의 도움을 제대로 받지 못한 사람들이 억울하게 유죄판결을 받거나 중형으로 처벌받은 실례가 비일비재하다. 형사사건에서 변호사 강제주의를 채택하고 경제적 여력이 없거나 적은 계층에게 법률서비스를 제공하는 법률구조사업을 확장시켜야 한다. 범죄혐의에 대한 충분한 자료를 확보하지 못한 가운데 인신구속상태에서 자백을 얻으려는 관행을 근절시켜야 한다. 이른바 검찰공화국에서 검찰권력 자체에 대한 통제는 영원히 중요한 쟁점이다. 검찰은 검사동일체의 원칙에 따라 상명하복의 관행에 젖어 중요한 사건이 터질 때마다 대의를 망각하고 조직의 이익만 챙기는 부패를 자행하였다. 권력자나 재벌 총수에게 불기소처분을 내리거나 중죄를 경미한 죄목으로 바꾸어 기소하거나 공익제보자를 끝까지 기소하거나 비판적인 정치인을 찍어서 기소하기도 하였다. 검찰의 독립을 보호하거나 검찰권력을 다소간 제약하는 제도로 검찰총장의 임기제, 지휘감독권한의 제한, 재정신청제도, 특별검사제 등이 소략하게 존재할 따름이다. 검찰권 행사의 적절성을 판단하고 검찰권력을 국민이 통제하기 위해서는 시민이 주도적으로 참여하는 기소심사제도와 인사검증제도를 구축하고, 나아가 고위직 검사장 등에 대한 선거제를 고려해 보아야 한다.

넷째, 재판은 공정하면서도 그 비용은 저렴하거나 적절해야 한다. 공정성 시비는 연고주의와 특권층의 부패와 관련이 있다. 연고주의 아래서 전관들(검사, 판사, 고위공무원을 역임한 후 변호사를 개업하거나 로펌이나 대기업에 취업한 사람들)이 특수한 지대를 누리는 관행을 전관예우라고 한다. 판사가 특정한 대기업의 송사에 유화적인 판결을 내리고 사직 후에 해당기업에 가거나 특정한 법무법인에 가는 경우도 전관예우라고 할 수 있다. 특히 부정하게 일을 처리한 후 대가로 자리를 얻은 것으로 본다면 사후수뢰죄로 처벌할 수 있다. 전관예우를 방지하기 위해서 법조인의 수임 제한이나 취업 제한을 엄격하게 유지해야 한다. 법조윤리위원회가 법조인의 부정행위에 대하여 규제하고 있으나 그 수법은 늘 은밀하게 진화하기 마련이다. 예컨대 변호사 선임계를 내지 않는 전직 고위법관이 재판부에 전화를 걸어 청탁하고 비밀리에 고액의 뒷돈을 챙기는 경우 등이다. 법원이나 검찰이 연고주의에 찌들어 있으면 재판은 공정하게 진행되지 못할 뿐만 아니라 비용도 증가한다. 사건 관련자들은 그 폐습을 떠안고 전관들에게 프리미엄을 지불해야 하기 때문이다. 중소도시에서 전관들이 사건을 싹쓸어 가면 '기타' 변호사들은 생존의 위협을 느낄 정도라고 한다. 변호사의 폐해와 관련해서 미국 유머 작가 헨리 쇼는 "소송이란 소가죽을 얻기 위해 소를 잡아 가죽을 벗기고 고기를 법률가에게 주는 짓"이라고 통렬하게 지적했다. 소송이 이와 같다면 이겨도 소용없는 노릇이다. 지금껏 관행으로 자리 잡았던 성공보수도 직업윤리에 반하는 법률가의 적폐 중 하나이다. 수임료에 대한 합리적인 통제가 필요하고, 상해보험처럼 적정가액으로 법률서비스를 제공받을 수 있는 다양한 법률보험이 활성화되어야 한다.

마지막으로, 대중에게 적절한 법률서비스를 저렴하게 제공할 수 있는 적정 수의 변호사를 양산하는 것이 중요하다. 이는 법조특권을 혁파하는 문제이다. 최근 우리는 사회와 산업의 성장에 따라 정예화된 법률가를 선발하는 사법시험제도에서 교육을 통한 법률가 양성으로 전환하였다. 법률가의 대량생산은 법률가들 사이에 경쟁을 촉진하고 다양한 법역과 사업분야에서 법률서비스를 확산시키고 수임료를 적정수준으로 끌어내림으로써 대중의 법무생활에 기여한다. 법조인의 공급이 줄어든다면 법률서비스의 양과 질을 담보하기 어렵다. 앞서 말한 전관예우는 관료적인 엘리트 법조와 사법시험제도가 낳은 괴물이다. 법률가들의 지대를 현저하게 감축시키는 수준에서 법조인의 공급규모를 결정해야 한다. 그래서 공급규모를 법무부나 변호사협회가 결정하는 것은 합당하지 않다. 현행 로스쿨제도는 교육을 통한 법조인 양성이라는 취지에는 부합하지만 소수의 정원제, 낮은 시험 합격률, 고액의 등록금 등으로 법률가 양산에 걸림돌이 되고 있다. 보통 사람들에게 적은 비용으로 법학 지식을 습득하고 변호사시험에 응시할 수 있는 기회를 보완해야 한다. 방송대의 온라인 로스쿨과 같은 저렴하고 대안적인 원격 로스쿨을 설치하여 진입장벽을 낮추는 것이 바람직하다. 법조인의 양산만이 법조인이 될 직업 선택의 자유를 실질적으로 보장하면서 보통사람들에게 변호인의 조력을 받을 권리를 더 적은 비용으로 누릴 수 있게 하기 때문이다.

문제적인 사법을 국민의 사법으로

사법권의 독립은 사법개혁의 전제이고 목표이다. 문제는 사법권이 무엇을 위해서 무엇으로부터 독립해야 하는지이다. 사법권의 사명은 정의를 실현함으로써 주권자인 국민에 봉사하는 것이다. 법관은 정치권력, 관료적 상층부, 경제적 특권층, 지배세력의 압력에서 독립해야 한다. 이러한 외압이 없더라도 법관은 자신의 계급감정과 이데올로기적 속박으로 인해 법관의 사명을 그르칠 수 있다. 그러한 무반성적인 계급사법의 사례로서 파업노동자를 업무방해죄로 처벌하는 판결을 들 수 있다. 이는 학교에 출석하지 않는 학생을 형벌로 다스리는 것과 같다. 노동자가 노동을 제공하지 않는 것은 징계사유가 될지언정 범죄가 될 수 없다. 우리나라 판사들이 잘못된 전통에서 나온 나쁜 교리를 답습하고 있다.

업무방해죄의 원형은 산업혁명기인 1864년 프랑스에서 임금인상을 위한 노조의 파업을 담합행위로 처벌한 데에 있다. 이러한 정치적 노동형법은 현재 프랑스에서는 존재하지 않는다. 그러나 일제형법을 물려받은 한국법원은 주인에 저항하는 머슴을 때려잡는 칼로 여전히 활용하고 있다. 올바른 판단은 법과 법리에 대한 치열한 성찰을 통해서만 얻을 수 있다. 사법권의 독립은 결국 판사의 내면에 수립된다. 우리는 법치주의를 말한다. 법치주의는 법률에 의한 지배를 넘어서 좋은 법에 의한 지배를 의미한다. 본디 의도가 나쁜 법은 아무리 평등하게 적용하더라도 정의를 낳을 수 없다. 기울어진 운동장의 근원적 왜곡을 통찰하고 이를 단호하게 시정하려는 판사만이 주권자인 국민에게 봉사할 수 있다. 사법권은 법조인의 천부적 권력이 아니라 국민의 권력이다. 결국 사법개혁은 문제적인 사법을 국민을 위한 사법으로, 국민에 의한 사법으로, 마침내 국민의 사법으로 변화시키는 과정이다.

{ 좌담 }

우 리 가
살 고 싶 은
나 라

2017년 3월 23일, 고려대학교 민족문화연구원 HK한국문화연구단
〈우리가 살고 싶은 나라〉 기획연구팀

제1부
촛불의 체험

조성택(사회) 오늘 좌담회에 오신 분들께 감사드립니다. 참석자 분들을 소개하겠습니다. 강대인 대화문화아카데미 원장이십니다. 이부영 선생님 오셨습니다. 이남곡 선생님 오셨습니다. 그리고 저와 같이 1부 진행을 맡을 고려대 민족문화연구원의 고병권 선생님이십니다. 사실, 10월 29일 처음 시작된 촛불은 정말 거대한 물결이었고 시민들의 광장이었습니다. 그 광장은 우리가 살고 싶은 나라를 만들고자 하는 시민들의 열망이 모인 곳이었습니다. 이러한 틈에 대권을 둘러싼 권력 욕망이 개입하면서 우리가 살고 싶은 나라에 대한 열망들이 꺾이는 것은 아닌가 하는 불안감이 커지고 있는 시점입니다. 절망적인 현실에서는 희망만 있는 법입니다. 그런데 촛불로 희망이 보이기 시작하면서 우리에게는 희망과 불안이 함께 하고 있습니다. 우리가 서 있는 이 자리는 희망과 불안이 교차하는 자리입니다. 어떻게 보면 지금 거대한 문명 전환이라는 쓰나미가 몰려오는데 우리 각자는 지금 마당이나 쓸고 있는 것은 아닌가 하는 생각이 듭니다. 그런 마음으로 이 좌담회를 마련했습니다.

오늘 진행은 먼저 5분간 각 선생님들께서 모두발언을 하시고 이후에는 여기 참석하신 분들이 자유롭게 하고 싶은 말씀과 질문하고 싶은 얘기를 주고받는 방식으로 하겠습니다. 1부에 말씀하시고 여러분들께서 질문하시는 내용들은 촛불의 역사적 의미와 지금 우리가 서 있는 자리가 어떤 자리인가에 대해서입니다. 먼저 이남곡 선생님 말씀을 청해 듣겠습니다.

> **❝** 우리가 서 있는 이 자리는 희망과 불안이 교차하는 자리입니다. 어떻게 보면 지금 거대한 문명 전환이라는 쓰나미가 몰려오는데 우리 각자는 지금 마당이나 쓸고 있는 것은 아닌가 하는 생각이 듭니다. **❞**

이남곡 반갑습니다. 제가 전라도 장수에 살고 있습니다. 제일 멀리서 왔다고 저한테 먼저 발언권을 주셨습니다. 사실은 오늘 집에서 뉴스를 보고 왔습니다. 1,000일이 넘어서 모습을 드러낸 세월호를 보니 여러 착잡한 심정이 드는데요. 세월호 사건이 일어났을 때 우리 모두 그 희생자분들 앞에서 정말 미안하다, 이런 나라, 이런 사회를 만들어서 미안하다, 다시는 후대에 이런 세상을 물려주지 않겠다, 이런 다짐들을 했습니다. 하지만 여러분도 아시듯 얼마 지나지 않아 고질적인 편 가르기가 나타났지요. 그런 편 가르기, 진영을 가르는 비열한 정치가 그 다짐들을 묻어 버렸습니다. 모처럼 거룩한 마음으로 우리가 하나가 되었는데 그게 묻히니 큰 실망에 빠졌지요. 하지만 촛불은 그것이 완전히 묻히지 않았음을 말해 줍니다. 촛불은 우리나라의 역사적인 일대 사건입니다. 저에게 촛불은 저열한 국정 농단에 대한 분노로, 한 시대를 마감하고 새 시대를 출발하는 그런 사건으로 다가왔습니다. '이게 나라냐'는 분노에서 출발했지만, 세월호 이후에 묻힌 줄 알았던 마음이 다시 나온 겁니다. 우리가 바라는 이런 나라를 만들자 그런 한마음이 다시 이루어질 때, 저는 세월호 사건에 희생된 고귀한 영령들이 우리 역사에서 영생하게 될 것이라고 생각합니다.

사실 이번에 촛불과 태극기 집회를 보면서 느꼈던 소회가 많습니다. 제가 촛불에서 가장 먼저 받은 느낌은 저항주체로서 시민들이 국가의 운명이 어떤 수준 이하로 떨어질 때 그것을 바로잡을 상당히 탄탄한 실력을 갖추고 있다는 겁니다. 저항주체로서의 시민들은 상당히 성숙한 모습을 보여 주었습니다. 몇 백만 명이 모인 집회에서 부상당했다는 사람을 들어보지 못했습니다. 그리고 촛불집회와 대립했던 태극기집회와 직접적인 충돌이 없었습니다. 물론 여기에는 경찰의 대단한 노력도 있었다고 봅니다만, 어떻든 이것은 우리 역사에서 대단한 것입니다.

그래서 하나의 시대, 새로운 시대를 출발함에 있어 저는 두 가지를 말씀드리고 싶습니다. 하나는 시민들의 집합적 의사가 구체적으로 정치에 반영될 통로가 확보되어야 한다는 겁니다. 우리 정치는 대의제입니다. 그런데 이런 통로가 지금은 협소합니다. 오늘도 거론되겠지만, 정당이라든지 선거법 개정을 통해 이런 통로가 확장되어야 한다고 봅니다. 또 하나는 시민들이 국가 운명에 대한 저항주체에 그치는 것이 아니라 진짜로 책임주체가 되어야 한다는 겁니다. 그때 우리 사회가 한 단계 업그레이드되리라 봅니다. 생활과 자기가 가까이 속해 있는 단체 안에서 정말로 민주주의를 발전시키는, 다시 말해 촛불에서 얻었던 그런 감동들을 생활 속에 녹여낼 때, 한 단계 업그레이드된 사회가 된다고 생각합니다.

조성택 선생님 태극기집회에도 가보셨습니까? 촛불에 비해 많은 수는 아니었습니다만 그럼에도 제법 많은 사람들이 거기에 있었던 것도 사실입니다.

이남곡 태극기집회, 사실 저는 이렇게 부르는 것이 좀 거북합니다만, 어떻든 태극기 집회를 보며 느낀 것도 있습니다. 이 집회를 보면서 느꼈던 것은 산업화시대 사람들과 민주화 이후의 세대 사이의 상당한 문화격차입니다. 저는 해방둥이입니다. 올해 우리 나이로 일흔세 살입니다. 오늘 여기 참석하신 분들이 대부분 일흔을 넘으셨고, 제 선배님도 계십니다만, 아마 여기 계신 70대는 그 집회에 참가 안 하고 촛불집회에 참가하신 분들일 겁니다. 일률적으로 이야기할 수는 없지만, 그래도 우리는 촛불집회와 그 반대집회 사이에 분명 세대 간의 문화격차가 있다는 것을 인정해야 됩니다. 그분들이 수가 10퍼센트가 됐든 얼마가 됐든 분명히 우리 사회, 우리 역사를 만들어 오는 데 대단히 중요한 기여를 했던 분들인데요, 그분들이 이후 세대와 문화격차를 겪고 있음을 이해해야 한다는 걸 말씀드리고 싶습니다. 새로운 시대로 나아가는 데 있어 이러한 이해는 중요하다고 봅니다. 사실 보수/진보, 좌/우 등의 정체성 대립은 구태의연합니다. 저는 요즘 연정과 좌도우기(左道右器)의 개혁을 주장하고 있습니다. 그런데 어려운 게 뭐냐 하면 연정의 주체들이 이를테면 좌든 우든 보수든 진보든 정체성이 애매하다는 거예요. 모두가 낡은 관념에 바탕을 둔 진영들이지, 실사구시, 현실에 바탕을 둔 진영들은 아니라는 겁니다. 이래서는 대타협이 불가능합니다.

> **66** 일률적으로 이야기할 수는 없지만, 그래도 우리는 촛불집회와 그 반대집회 사이에 분명 세대 간의 문화격차가 있다는 것을 인정해야 됩니다. **99**

저는 태극기 집회에 열렬히 참여하는 사람들에게서 공포 관념을 봅니다. 소위 좌빨 종북세력에 의해서 대한민국이 적화되지 않을까 하는 우려입니다. 저는 이 사람들, 말하자면 보수에게 자신감을 가지라고 말하고 싶습니다. 좌/우 정체성이 애매하다고 했습니다만, 저는 좌란 '평등'을 주장하는 사람들이라고 봅니다. 또 우는 상대적으로 '자유'를 주장하는 사람들이고요. 좌빨이라는 것은 빨갱이인데, 예전에 공산주의 혁명을 주장할 때 빨간색을 많이 썼죠. 하지만 2002년 월드컵 때 거리를 아주 빨갛게 물들였잖아요. 빨강에 악마라는 말까지 붙여서요. 붉은악마 있잖아요. 근데 여기에는 아무런 나쁜 감정도 없어요. 그런데 태극기 집회에 참여한 분들에게는 좌빨의 빨강은 동족상잔을 떠올리게 합니다. 아주 잔혹하게 서로 죽이고 죽였던 일 말입니다. 그런데 이제는 다르잖아요. 또 종북이라는 말은 어떻습니까. 북쪽을 따른다는 것인데, 촛불은 그 반대입니다. 솔직히 북쪽이 좌파입니까? 저는 극우라고 생각합니다. 사회주의 국가도 아니죠. 김씨 왕조입니다. 그것도 군사왕조입니다. 정신 나간 사람이 아니고서 어떻게 거기에 줄을 대겠습니까. 적화한다고요? 무엇보다 북쪽의 실력이, 이제는 남북 간 국력의 격차가 너무 커서 그렇게 될 수 없습니다. 북에서 말로는 통일을 주장할지 몰라도 실제로 할 수가 없습니다. 북쪽은 남쪽을 통일 대상으로 생각할 수 없습니다. 그리고 저는 그 가장 큰 이유가 역설적이게도 촛불집회 같은 것이라고 봅니다. 촛불집회를 보면서 남쪽의 국민들이 얼마나 자유도가 높아졌는지, 그리고 독재에 대해 얼마나 강력히 저항하는지를 알 겁니다. 촛불은 북이 남을 함부로 대할 수 없는 본질 요소입니다. 그래서 저는 세대가 오래된 분들한테 관념적 공포에서 벗어나서 자신감을 가져봐라 이런 말씀을 드리고 싶습니다.

이제 박근혜가 파면되었고 처벌도 눈앞에 두고 있습니다. 헌법재판소에서 탄핵심판 선고를 하는 날, 선고 세 시간 전에 제가 페이스북에 입장을 올렸습니다. 박근혜 파면하길 원한다, 박근혜 파면을 지지한다, 그 이유 중에 하나가 이 선고를 통해 새로운 시대를 여는 출발점이 됐으면 좋겠다, 물론 범죄 행위에 대한 응당한 처벌을 내리는 문제도 있지만 그보다는 새시대를 위한 어떤 청산의 계기로 삼았으면 한다는 뜻에서였습니다. 우리는 지난 70년 동안 청산이라는 말에 매달려 왔어요. 우리는 왕조를 제대로 청산하지 못했어요. 왕조 청산이 될 시기에 일제강점과 분단이 있었죠. 그 다음에 일제강점기에 부역세력을 청산하지 못했어요. 세번째는 동족상잔의 역사를 청산하지 못했죠. 그리고 네번째는 독재 청산을 못했어요. 그래서 비록 미진하더라도 이번 박근혜 파면과 그 공범의 처벌로 청산이라는 짐에서 일단 벗어나자, 현존의 악을 처벌하지 말자는 뜻이 아니라, 이제는 이번 처벌을 계기로 개혁과 개선이라는 미래지향적인 전환을 하자는 겁니다. 현존하는 불법, 부정, 부패, 차별을 엄격히 대하면서도, 과거 청산에 대한 강박에서는 벗어나 새로운 시대를 출발하자, 이런 생각을 했습니다.

> 66 우리는 지난 70년 동안 청산이라는 말에 매달려 왔어요.… 일제강점기에 부역세력을 청산하지 못했어요.… 그리고 네번째는 독재 청산을 못했어요. 99

조성택 네, 다음은 정성헌 이사장님 말씀 듣겠습니다.

정성헌 시간을 많이 쓰셔서 저는 한두 가지만 말씀드리겠습니다. 제가 강원도 인제에서 서울에 올라와 촛불집회에 몇 번 참여했는데요. 그때 느낀 것만 말씀드리겠습니다. 평화적으로 분노하고, 개별적이면서도 공동체적이고, 발랄하면서도 남을 배려하……. 정말 청년 때부터 수십 차례 집회에 참석해 봤지만 이런 집회는 없었습니다. 정말 수준 높은 시민들의 광장이었는데요. 그런데 제가 인제에 가느라고 전철을 타면 시민들이 남에 대한 배려가 거의 없어요. 승강장에서 내리기 전에 올라타고, 전화 꺼내서 그냥 20분 이상 통화하고 말이죠. 이런 생각을 했어요. 광장에 모인 저 공중의 모습과 일상생활로 돌아와 생활에 쫓기듯이 살아가는 저 개인의 모습. 이 두 모습을 함께 보면서 든 생각입니다. 결국 우리 과제는 광장에 모인 공중의 모습을 잘 모아서 그 힘으로 새로운 나라를 만든다는 것일 텐데, 일상에서 남을 전혀 배려하지 않는 모습은 어떻게 극복해야 할까. 참 어려운 문제입니다. 저는 이 말씀만 드리고 마치겠습니다.

조성택 예, 감사합니다. 지금까지는 군민 두 분이 말씀드렸고요, 이제 서울시민 두 분 말씀 듣겠습니다. 강대인 원장님.

강대인 이번 촛불집회 과정을 지켜보면서, '우리 국민'이 희망이라는 것을 다시 확인했습니다. 우리 사회는 큰 재앙이나 재난이 생겼을 때 이름도 없이 ARS로 성금을 보내는 분들이 많습니다. 오래전 IMF가 났을 때 금모으기 운동도 있었고, 태안반도에 기름이 유출되었을 때도 전국에서 자발적으로 기름띠를 제거하려고 모여드는 양식 있는 시민들이 있었습니다.

이렇게 선량한 의지를 가진 분들이 많은데 우리 사회는 왜 제대로 돌아가지 않는지 생각해 봅니다. 저는 우리 사회를 지배하고 주도해 온 파워 엘리트들이 우리 사회의 토대인 풀뿌리들과 소통하지 못하는 데 근본 문제가 있다고 봅니다. 우리 사회는 국민을 위한 위민정치에 기대어, 파워 엘리트들에게 의지하는 데 머물러 왔습니다. 그런데 이번에 소위 국민에 의한, 국민의, 민주공화의 대사건이 일어났습니다. 그동안 거의 모른 채 지내 왔던 헌법 가치와 그 가치의 중심인 국민주권을 확인하면서 국민주권 시대에 대한 희망을 갖게 되었습니다.

그러나 우려되는 점도 있습니다. 우리 역사를 돌아볼 필요가 있습니다. 1960년 4·19가 있었죠. 하지만 곧이어 1961년 5·16이 있었습니다. 또 볼까요. 79년 박정희 대통령 시해 이후에 80년 봄까지, 소위 서울의 봄을 맞았습니다. 하지만 대선 후보자들의 분열과 대권 경쟁으로 결국 다시 군부로 권력이 넘어갔습니다. 1987년 6·10항쟁이라는 큰 역사적인 사건을 통해 민주화로 진입했습니다. 여기서 실제로 중요한 정치적 성과물은 직선제 대통령 개헌이었습니다. 그때 헌법이 바뀌고 나서 금년이면 만 30년이 됐는데요, 그동안 우리 정치가 우리 사회를 얼마나 업그레이드 시켰는지 성찰하게 됩니다.

이런 과거의 역사를 돌아볼 때, 지금의 큰 변화 속에서 우리가 가야 할 길이 뭔지 진지하게 중지를 모아야 할 때입니다. 어차피 광장민주주의라는 것은 단속적일 수밖에 없거든요. 계속 지속될 수 없는 겁니다. 30년 전에 체르노빌이 터졌을 때, 전 세계가 그렇게 핵발전소로 인한 환경 재앙에 경각심을 가졌습니다. 5년 전에 후쿠시마가 터졌을 때도 그랬습니다. 3년 전 세월호 때도 우리가 이제 새로운 나라를 만들어야 된다고 다짐했습니다. 하지만 그게 지속되기가 어렵다는 것을 경험했습니다. 현실적인 힘을 갖고 있는 정치권의 파워 엘리트가 별로 달라지지 않는 것 같습니다. 그래서 저는 이번에 저희한테 주어진 하나의 역사적인 전환기에서 지난 역사의 교훈을 잊지 말자. 그래서 이번에야말로 이 변화를 정말 의미 있는 변화로 만들어 가는 새로운 움직임이 지속되어야 한다고 생각합니다.

> 66 이번에 소위 국민에 의한, 국민의, 민주
> 공화의 대사건이 일어났습니다. 그동안
> 거의 모른 채 지내왔던 헌법 가치와 그
> 가치의 중심인 국민주권을 확인하면서
> 국민주권 시대에 대한 희망을 갖게 되
> 었습니다. 99

조성택(사회) 네 감사합니다. 네, 1부 첫번째 순서 모두발언 마지막으로 이부영 선생님의 말씀 듣도록 하겠습니다.

이부영 요새 어디를 가든지 토론회, 세미나 그런 게 참 많아요. 그런데 이렇게 주제에 얽매이지 않고, 넉넉한 마음으로 그냥 터놓고 얘기할 수 있는 자리가 그렇게 많지는 않아요. 이 자리가 보통의 세미나들과 달리 깊이 있는 논의를 가능케 하지 않을까 싶습니다.

앞서 다들 지적했습니다만 이번에 촛불집회, 촛불시민 혁명은 제가 느끼기에 조금 특별한 전기가 된 것 같습니다. 저는 4·19 혁명이나 70년대 반유신 반독재 투쟁, 그리고 80년대, 87년 6월 항쟁 이런 데 조금씩 다 관여를 하고 오늘날까지 광장의 작은 집회에도 가 본 입장인데요. 4·19 때나 70년대 반유신 투쟁, 80년 광주 민주화 항쟁 등에서는 진압하는 쪽이 정말 야만적이었습니다. 그러니 거기에 대응하는 사람들, 여러분 선배들이 화염병과 각목을 들지 않을 수가 없었죠. 악순환이었습니다. 그런데 이 촛불집회, 바로 재작년 겨울이었죠. 백남기 농민도 아주 야만적인 물대포로 희생이 됐잖아요. 근데 이번에 열린 이 촛불집회에서는 시위대를 대하는 경찰의 자세가 전과는 아주 달랐어요. 백남기 농민의 희생에 영향이 있었든지, 최순실 사건이 터져 나오는 시기여서 그랬는지 모르겠지만, 시위대를 힘으로 제압하려 하지 않았고 도발하지도 않았습니다.

시위대도 마찬가지였습니다. 강하게 진압을 하지 않으니까 시위대도 할 수 있는 만큼만 했습니다. 제가 본 인상적인 장면이 있습니다. 11월 말이었는데요. 사실 조금 위험한 순간이었어요. 시위대가 효자동 쪽으로 몰려가려고 그러는데 경찰이 차벽으로 막고 있었어요. 그때 급한 청년들이 경찰 차벽 위로 올라갔어요. 거기서 경찰들하고 밀고 당기고 하는 일이 벌어졌는데, 뒤에 있던 시위대들이 "내려와, 내려와." 그러더군요. 멋쩍어졌잖아요. 그래서 그 사람들이 그냥 웃으면서 내려왔어요. 경찰관들도 따라서 웃고요. 조금 이따가 옆으로 들어가려고 하니, 경찰들이 방패로 막을 거 아니에요? 그 방패를 일부 뺏었는데, 뒤에 있던 사람들이 "돌려줘, 돌려줘." 그러더라고요. 그러니까 또 멋쩍어져 돌려줬어요. 그때 세월호 유가족들이 상여 같은 걸 가지고 와서 거기 있다가 돌려서 광화문 쪽으로 가니까 시위대들이 쭉 따라갔어요. 그리고 다음날 법원에 시위 주최 측에서 청와대 쪽으로 조금 더 전진할 수 있도록 허용해 달라는 가처분신청서를 냈어요. 그걸 법원이 받아들여서 조금씩, 조금씩 청와대 쪽으로 진전해 가고, 그때마다 경찰은 전혀 앞에 나와서 막을 생각 하지 않고요. 이런 걸 보면 이번에 대응하는 경찰 당국 쪽이나 시위하는 쪽이나 대단히 현명하게 대응하지 않았나, 그런 생각이 들더군요.

그렇게 집회가 평화롭게 진행되면서 부모들이 어린아이들을 데리고 나왔습니다. 젊은 부부들은 유모차를 끌고 나오고 연인들이 데이트 장소로 삼기도 했죠. 집회 자체가 문화축제가 되었어요. 어디서 보기 힘든 가수도 나오고, 춤추는 사람들도 나오고요. 무대에서 레이저빔을 쏴서 건물들에 빛의 파노라마를 만든 것도 봤습니다. 촛불 파도타기도 있었고요. 일본의 저명한 시민운동가이자 평화·인권·환경포럼 대표인 후쿠야마 신고 씨가 그때 저희들하고 같이 있었는데요. 그걸 보고는 '우린 왜 일본에서 시위할 때 이런 걸 못했지?' 하고 감탄을 하더군요.

제가 이런 말씀을 드리는 것은 4·19때부터 집회를 굉장히 오래 봐 왔던

제 입장에서 보면 이번 촛불집회가 엄청나게 진화한 집회라는 겁니다. 아까 이남곡 선생님도 말씀하셨듯이 100만 이상 나오는 집회에서 부상자 한 명, 구속자 한 명도 나오지 않았습니다. 엄마 아빠 잃어버린 어린 아이 한 명 없었어요. 이건 기적 같은 일이에요. 외신들도 한국에서 기적이 일어났다고 하지 않았어요? 여러분도 잘 아시듯, 1958년 『사상계』에 함석헌 선생님이 「생각하는 백성이라야 산다」는 글을 쓰셨죠. 거기서 선생님은 '비폭력·평화주의를 내세우고 이승만 독재에 대해서 저항하자'고 하셨습니다. 저는 그러한 훌륭한 선생님들 가르침이 알게 모르게 우리 마음속에 흐르고 있었지 않나 생각합니다. 아까 강 원장님도 그런 말씀을 하셨습니다만, 우리 안에 그런 요소가 있고, 우리들 자신이 그걸 또 이루어 낸 거예요.

> 66 (시위대가) 조금씩, 조금씩 청와대 쪽으로 진전해 가고, 그때마다 경찰은 전혀 앞에 나와서 막을 생각 하지 않고요. 이런 걸 보면 이번에 대응하는 경찰 당국 쪽이나 시위하는 쪽이나 대단히 현명하게 대응하지 않았나, 그런 생각이 들더군요. 99

그런데 한편으로 생각해 보세요. 지금 한반도는 세계 모순이 모두 집약된 덩어리입니다. 지금 한반도 한쪽에서는 핵 개발, 미사일 개발을 해서 세계 최강국인 미국과 대결하겠다고 그러잖아요. 그리고 다른 쪽에선 엄청난 비폭력·평화시위운동을 통해서 권력자를 끌어내리고 민주주의를 새롭게 건설하겠다고 하고 있잖아요. 인류가 그동안 당면해 온 전쟁과 평화라는 아주 해묵은 해결하지 못한 숙제를, 북쪽에서는 핵으로 최대 핵 강국과 대결해서 자주를 얻어 내고 통일된 조국을 만들어 내겠다, 이렇게 주장을 하고 있어요. 다른 한편 남쪽에서는 비폭력·평화시위 운동으로 권력자를 끌어내서 감옥 보내고, 나라를 새롭게 건설하겠다고 그럽니다. 이 좁은 한반도 안에서 우리는 인류의 오래된 숙제, 전쟁과 평화라는 문제를 부둥켜안고 씨름하고 있어요. 이게 보통 문제가 아닙니다. 여기 한국에서, 한반도에서 일어나고 있는 이 일들이 인류사회의 고민을 온전히 떠안고 있는지도 모르겠어요. 우리가 한편으로는 자랑스럽게 생각하면서, 다른 한편으로는 얼마나 어려운 과제를 안고 씨름하고 있는가, 이런 걸 한번 생각해 볼 일이라고 봅니다.

조성택(사회) 네 분 말씀 정말 감사합니다. 다들 느끼셨겠습니다만, 정말 지도 밖에서 지도를 보는 통찰과 생각의 깊이가 어떤 것인지를 보여 준 네 분 말씀이었습니다. 시간의 제약이 있다는 것이 참 안타까웠습니다. 하지만 지금부터 여전히 선생님들께서 말씀을 이어가 주시고, 또 패널의 질문도 받으며 자유롭게 이야기하시면 되겠습니다.

고병권(사회) 선생님, 이번 촛불집회의 경험을 청중석에 앉아 있는 분들께도 들어 보는 건 어떨까요? 한두 분만이라도…

조성택(사회) 그래요. 한두 분. 특히 학생들이 좋을 것 같습니다. 물론 교수님들도 괜찮습니다. 우선순위는 학생들에게 드리겠습니다. 지금 말씀하신 것에 대한, 아니면 본인이 경험했던 촛불이라든지, 이런 부분에 대해서 얘기해 주실 분 손들어 주십시오. 네, 우선 저 맨 뒤에 계신 선생님. 간단하게 소개해 주시고 말씀 짧게 해 주십시오.

청중1 네, 교육시민단체에 속해 있는 학부모입니다. 우리가 4·19부터 시작해서 국민들이 굉장한 열정을 발휘했는데도 '이게 나라냐' 하는 말이 나올 정도의 나라가 된 이유에 대한 근본적인 연구가 돼야 하지 않나 생각합니다. 그래서 이번에는 나라를 바꾸는 희망을 걸고도 싶지만 정말 될까 하는 생각이 드는 것도 사실입니다. 왜 수십 년 동안 국민들이 이렇게 했는데도 이런 나라가 됐는지, 그것에 대한 어떤 조직적인, 근본적인 연구가 필요하지 않을까 싶습니다.

조성택(사회) 네, 정말 공감가는 말씀입니다. 또 다른 분, 네, 지금 ROTC 제복 입고 있으신 분. 자기 소속 밝히시고 간단하게 질문해 주십시오.

청중2 철학과에 재학 중인 학생입니다. 아무래도 정치에 대한 얘기는 제 입으로 할 수 없기 때문에 그냥 일상에서 느낀 바를 간단히 말씀드리겠습니다. 제 주변 사람들이나 친구들이 집회도 가는 걸 봅니다. 또 여기저기서 이런저런 많은 논의가 일어나고, 그 과정에서 사람들 의식도 깨어나는 것 같습니다. 중학생이나 고등학생들도 한마디씩 하면서 참여하는 걸 보면서, 제가 고등학생이나 중학생일 때와는 많이 다르다는 걸 느꼈습니다.

하지만 또한 우리가 여전히 선을 잘 지키지 못한다는 것도 많이 느낍니다. 예를 들면, 가치관의 문제에 지나지 않는 것을 옳음과 틀림의 문제로 착각하거나 옳음과 틀림의 문제임이 틀림없는 것을 가치관의 문제라고 하면서 넘어가려는 걸 보면, 아직 저희가 어떤 공통된 인식을 가지고 찬반을 논하거나 그 이상의 대응을 하는 데 이르지는 못했다고 생각합니다. 공통된 가치관, 하다못해 서로 얘기를 할 수 있기 위한 공통의 장 정도는 마련이 되어야 되는데 그게 마련이 되지 않은 상태에서 대화하는 게 가능할까 하는 생각이 듭니다. 저희가 지금까지 30년간 민주주의 시대를 살아왔다고 하지만 영국이 그렇게 되는 데 수백 년이 걸렸듯이 저희도 일단 장을 먼저 만들어 놓는 일을 해야 하지 않을까 싶습니다. 이런 것은 수백 년이 걸리더라도 천천히 조급해하지 않고 만들어 가야 할 사안이 아닌가 하고 생각하는데요. 과연 교수님께서는 어떻게 생각하시는지 듣고 싶습니다.

조성택(사회) 질문 감사합니다. 아마 패널 선생님들께서 그 질문을 받아서 말씀해 주실 것입니다. 한 분 정도 더 말씀 들어볼 수 있을까요?

청중3 안녕하세요. 저는 대학에 재학 중인 학생입니다. 저는 개인적으로 이번 촛불집회를 보면서 정치에 참여하면 바뀔 수도 있구나라고 느꼈고 그래서 굉장히 좋았습니다. 이런 말을 해도 될지 모르겠지만, 저는 대선 투표와 총선 투표를 모두 군대에서 부재자 투표로 했는데요. 박근혜 대통령과 김진태 의원을 뽑은, 대한민국에서 몇 안 되는 사람입니다. 부모님이 영남 분이라서 그런 것에 좀 영향을 받았었는데, 이번 사건을 보고 그동안 내가 잘못 생각했고, 어떻든 내가 뽑은 사람들이 나라를 이렇게 만들었으니 앞으로 좋은 일도 많이 하면서 살아야겠다고 생각했어요. 그래서 이번에는 민주당 경선에 참여 신청을 했는데요. 사실 저는 진보 정당에 높은 도덕성을 기대했지만 이번 경선 과정에서 잡음이 많이 들리더라고요. 사전투표 결과 유출이라든지 문재인 후보님의 아들 취업 의혹이라든지. 문 후보님 지지자들의 태도를 보면 이런 의혹을 대수롭지 않게 넘어가더라고요. 사실 이번 탄핵 게이트도 정유라 씨의 그런 작은 이대 부정, 취업 청탁과 같은 의혹에서 시작했는데 말이에요. 그래서 '과연 바뀌어도 잘될 수 있을까' 하는 생각이 들거든요. 그런 부분에 대해서 많이 궁금합니다.

조성택(사회) 네, 감사합니다. 박근혜, 김진태를 찍었다는 것을 커밍아웃 하셨는데, 촛불의 힘이 대단합니다. 아까 가장 말을 아끼셨던 정성헌 선생님 말씀 부탁드립니다.

> 66 부모님이 영남 분이라서 그런 것에 좀 영향을 받았었는데, 이번 사건을 보고 그동안 내가 잘못 생각했고, 어떻든 내가 뽑은 사람들이 나라를 이렇게 만들었으니 앞으로 좋은 일도 많이 하면서 살아야겠다고 생각했어요. 99

정성헌 아, 방금 말씀하신 건 제가 직접 관계되어 있는 것 같은데요. 김진태 의원 지역구, 거기가 제 고향이에요(웃음). 박근혜 씨 파면 이틀 전에 제가 모 군단 관측대대 장병들과 이야기 나눌 기회가 있어서 물어봤어요. '모레 박근혜 탄핵 결정 여부가 있을 텐데 병사들은 어떻게 생각하나'라고요. 그랬더니 앞에 떡 앉아 있던 덩치가 상당히 좋은 병장이 고민을 좀 하더니 '군은 중립입니다.' 그래요. 그래서 '중립이, 중간에 선다는 것은 무슨 뜻인가'를 물으며 이야기를 계속 나누었죠. 저는 중심이라는 것에 대해서, 중간에 선다는 것에 대해서 다시 생각해 보자는 말씀을 드리고 싶어요. 지금 정치 말씀을 하셨는데, 역시 마찬가지예요. 현실정치가 중심을 못 잡기 때문에, 지금 과제는 이 촛불에서 표현된, 광장의 공중들이 사실은 중심을 잡아줘야죠. 누구누구를 선호하고 호불호를 가지게 되면 저는 새로운 세상은 안 열린다고 봅니다. 우리가 중심을 잡는 것이 가장 중요하다고 봅니다. 내가 지금 그 중심의 가치가 무엇이라고 제시하는 것은 아니에요. 다만 우리가 서로 의논해서 찾아내면 능히 찾아낼 수 있고, 어떤 면에서는 이미 찾아졌다고 생각합니다.

조성택(사회) 네, 강대인 선생님.

강대인 아까도 말씀드렸습니다만, 우리가 앞으로 광장민주주의의 바람을 어떻게 정치적으로 제도화하면서 의미 있는 변화를 만들 것인가가 중요하다고 봅니다. 대선을 앞두고 있고 역시 리더십이 중요하다고 봅니다만, 저는 지금 시점에서 그 못지않게 중요한 것은 시스템을 어떻게 개혁할 것이냐라고 생각합니다. 결론적으로 말씀드리면 저는 의사당 정치를 비롯하여 정치 영역이 활성화되어야 한다고 생각합니다. 대화민주주의가 뿌리를 내려 민의를 법이나 제도로 신속하고 정확하게 수용해 가는 소통의 정치가 활성화되어야 합니다. 연속성 문제도 있습니다.

한반도문제도, 교육문제도, 환경문제도, 이게 정권만 바뀌면 5년 단위로 툭툭 끊어져요. 국정의 불연속성 문제는 심각한 국력 소모라고 봅니다. 또 지적할 것은 소위 정당이라는 게 사실상 대선캠프가 되었습니다. 정책 세력으로서 정책을 마련하는 역량이 부족할 수밖에 없지요. 선거와 집권을 위해 모든 에너지를 쏟기 때문이에요. 87년 이후 30년 동안 대통령이 여섯번째이지만 똑같은 패턴이 계속 되풀이되는 것 같아요. 그래서 이번 기회에 어떤 대통령을 뽑자 이런 것도 중요하지만 무엇보다 시스템을 바꿔야 된다고 생각합니다. 이제는 다중사회가 됐는데, 이 다원사회 속에서 다양한 공중들의 의사와 욕구를 대변할 수 있는 분권과 협치의 구조로 정치 관계법을 바꾸어야 한다고 봅니다. 헌법 자체가 법리적으로 심각한 문제가 있는 것은 아닐지라도 헌법개정을 비롯해 직간접으로 헌법하고 연계된 선거법, 정당법 등을 바꾸어야 합니다.

 이런 식으로 정치제도가 바뀌어 정치적 구심력이 제대로 작동하고, 동시에 시민사회를 토대로 한 사회적 원심력도 강화되어서, 균형 잡힌 혼합민주주의로 민주주의가 심화·확대되어야 한다고 봅니다.

> **66** 지금 시점에서 … 중요한 것은 시스템을 어떻게 개혁할 것이냐라고 생각합니다. … 대화민주주의가 뿌리를 내려 민의를 법이나 제도로 신속하고 정확하게 수용해 가는 소통의 정치가 활성화되어야 합니다. **99**

조성택(사회) 감사합니다. 이제 이부영 선생님께 말씀 청하겠습니다.

이부영 저도 정치 쪽에도 참가를 해보고, 신문도 만들어 보고, 옛날엔 재야 민주화운동도 하고 언론운동도 했는데요. 이런저런 계기마다 시민들의 광장민주주의가 확 끓어넘쳐요. 4·19 학생혁명도 주체는 학생들이었고 그들이 싸우며 희생했죠. 권력을 차지한 것은 야당이었습니다. 야당에게 국민들이 표를 몰아줘서 국회 4분의 3 이상의 의석을 차지했어요. 그런데 그들이 둘로 갈려서 또 싸우는 거예요. 그걸 구실 삼아 박정희가 5·16 군사 쿠데타를 일으켰습니다. 그리고 18년 이상의 군사독재를 한 거예요. 10·26이 일어나고, 80년 5월 즈음에 다시 광장민주주의가 확 꽃피어 나왔는데요, 야당의 양 김이 또 싸웠죠. 그 기회를 타서 전두환이가 광주시민을 희생시키면서 5·18살육을 벌였고 군사독재를 했습니다. 87년 6월에도 그런 일을 반복했죠. 학생과 노동자들의 민주항쟁이 만들어 낸 것을 김대중 김영삼 두 사람이 분열해서 노태우 정권이 들어섰습니다. 국민들, 시민들의 에너지가 광장민주주의에서 실현될 때마다, 그것을 제도화해서 올바른 민주주의가 정착되도록 압박하거나 바로잡지를 못했죠.

이렇게 계속 실패를 했던 원인은 사실 박정희로부터 시작해서 박근혜까지 계속된 박정희 프레임이죠. 그런데 모든 개발독재주의적 사고를 이번에 퇴출시킨 겁니다. 엄청난 일인 거예요. 1961년서부터 시작돼서 87년 그리고 여기까지 계속되어 온 것을 지금 청산하고 있는 거예요. 그래서 이번에는 지난날의 광장민주주의가 제기했던 과제들을 그냥 흘려보내지 말고, 현재 야당이 집권한다 하더라도 선거법 개정에서부터 헌법개정을 어떤 방향으로 끌고 갈까 새 정권 출범 이후에도 계속 압박이랄까 협의라고 할까, 정치권과 상의해 가야 한다고 봅니다. 그냥 박근혜를 퇴출시켰으니까 우린 임무를 다했으니 본업으로 간다, 그러면 또 도로 아미타불 되는 거예요. 이번에는 정치 혁신 과제에 계속 관여해 나아가야 한다고 생각합니다.

> **❝** 이렇게 계속 실패를 했던 원인은 사실 박정희로부터 시작해서 박근혜까지 계속된 박정희 프레임이죠. 그런데 모든 개발독재주의적 사고를 이번에 퇴출시킨 겁니다. **❞**

이남곡 저는 낙관적인 기대를 가지고 있습니다. 왜 우리가 그동안 이 정도 나라밖에 못 만들었느냐는 물음이 뼈아프게 다가옵니다만, 낙관적으로 보면 우리는 사실 세계 최빈 아프리카의 나라들보다 가난한 나라에서 지금은 러시아보다 GDP가 높은 나라가 됐고요. 제도상으로 봐도 우리가 시민혁명을 제대로 거치지 못했는데도 상당히 발전된 민주주의 제도를 받아들이고 있습니다. 긴 시간에 고쳐야 할 것을 우리는 상당히 짧은 시간에 고치고 있는 겁니다. 우리의 위기라고 하는 것은 업그레이드와 관련된 겁니다. 업그레이드 하기 위해서 우리가 해야 할 것은 무엇인가. 아까 예비 장교께서 이야기를 하신 것 같은데, 제 생각에 저항주체, 그것도 중앙정부에 대한 저항주체로서의 시민은 상당히 성숙하게 발전한 면이 있습니다. 이게 출발점이고요. 다음 단계로 나아가야죠. 바로 책임주체로 나아가야 합니다. 지금 이부영 선생님께서 말씀하신 것도 시민주체에서 책임주체로 나아가는 것이라고 생각합니다. 이를 위해서는 몇 가지가 더 성숙해져야 합니다. 아까 말씀하셨듯이 촛불집회 참가

한 사람들이 자기 자리로 돌아가면 공공성의 실현은 물 건너가요. 그리고 자기와 반대되는 주장을 하는 사람들과는 대화를 하지 않습니다. 책임주체로 성장하기 위해서는 관용이라든지 공공성이라든지 세계시민의식 같은 것이 발전해야 해요. 저는 우리에게 그런 단계가 왔다 이렇게 말씀드리고 싶어요. 소위 광장민주주의가 발전하는 건 중앙정부에 대한 저항주체에서 책임주체로, 또 일상생활에서의 공공성을 실현하고 일상생활에서 대화, 소통을 할 수 있는 그런 문화를 발전시키는 것이 아닌가 싶습니다. 저는 지금 우리가 그런 단계를 거쳐 가는 것이 아닌가 생각하고 있습니다.

이부영 조금 아까 청중석에서 왜 우리는 4월혁명 이후에 계속 민주적인 항쟁이 있었는데도 이렇게 늦냐는 말씀이 있었잖아요? 아쉽기는 합니다. 그러나 저는 그렇게 발전 속도가 늦은 것은 아니라고 봅니다. 60년대 처음 자가용이라는 것이 생기고 시발택시라는 것도 생겼죠. 여러분들 시발택시라는 거 들어봤어요? 요즘 냉장고 없는 집이 어디 있어요. 비행기도 당연히 많이 타고 다니는 것으로 생각하고 있는데, 그렇게 기술 이전이나 물질적인 변화가 일어나는 것은 굉장히 바람직한 거예요. 그런데 민주주의를 관행으로 만들고 민주공화국을 세우려면 나가서 투표를 해야 합니다. 이런 것에 대한 시민의식이나 국민으로서의 자세, 의식의 변화 같은 것이 그렇게 빨리 자리 잡는 게 아니거든요. 그런데 우리가 대한민국 정부수립 이후에 전쟁을 겪고, 산업화와 함께 온갖 독재를 겪으면서도 여기까지 온 것을 느리다고 볼 것이냐, 성적이 꽤 괜찮다고 볼 것이냐. 저는 성적이 꽤 괜찮다고 봅니다. 민주주의를 달성해서 오늘 정도에 이른 미국이라든지 독일이나 프랑스, 또 스웨덴이라든 지 덴마크 이런 나라들이 이뤄온 성과, 그들이 거쳐 온 과정 같은 걸 비교해 보면 결코 우리가 낙제생은 아닙니다. 그리고 이렇게 촛불, 비폭력 평화운동을 통해서 부패한 권력을 징벌하고 내쫓고 재판을 받게 만드는 이런 정도까지는 웬만한 나라는 못합니다. 너무 우리가 늦고 뒤쳐졌다고만 생각할 건 아니다, 80점 정도는 된다, 이렇게 생각합니다.

> ❝ 책임주체로 성장하기 위해서는 관용이라든지 공공성이라든지 세계시민의식 같은 것이 발전해야 해요. 저는 우리에게 그런 단계가 왔다 이렇게 말씀드리고 싶어요. ❞

강대인 시민사회에도 이번 촛불시위가 중요한 전환점이 되리라고 봅니다. 주체적 개인의식을 가진 시민들의 등장이나, 소수자들의 인권존중 등의 면에서도 성숙해지리라고 봅니다. 제가 왜 이번 시위를 시민사회의 중요한 분기점이라고 보냐면 이렇습니다. 서양 기준에서 볼 때는 왕정이 무너지면서 소위 공화정과 시민사회가 대두하게 되는 건데요, 우리는 19세기 말에 나라를 잃어버리고 식민지로 지내다가 6·25전쟁 치르고 군사정권이 들어섰잖습니까. 문민정부에 와서 '문민'을 들고 나왔다는 것만 보아도 소위 시민적인 개념이 생기기 시작한 것이 얼마 되지 않지요. 그래서 저는 이번에 우리 사회가 시민사회로 도약하는 그런 시점에 왔다고 봅니다. 그동안 90년대에서부터 10년 동안 시민단체라는 것이 많이 생겼습니다. 메이저 NGO가 그때 다 생겼는데요. 2000년 총선을 기점으로 그나마 성장하던 NGO 단체들이 크게 나뉘며 갈라졌습니다. 대표적인 NGO들은 사실 준정당적인 역할을 해왔다고 볼 수 있어요. 앞으로는 풀뿌리에서 삶의 정치, 일상의 문제를 얘기하는 공론장을 만들어 가야 하는 과제가 있습니다.

최근 10년 동안 보면요, 우리 사회에서 정치권과 시민사회의 소통은 지체되거나 거의 단절됐습니다. 무슨 주장을 해도 무시되어 버리고, 위험을 무릅쓰고 장기간 농성을 해도 전혀 반응을 안 하는 거예요. 이번에도 마찬가지였죠. 저는 정치는 소통이라고 보거든요. 정치라는 것이 '정'이라는 글자를 풀자면 바른 소통을 하는 것이 정치인데, 정치뿐만 아니라 미디어 그리고 미디어 환경도 바른 소통을 해왔다고 보기는 어렵고요. 이번에 미국의 트럼프 현상을 버클리대학 사회학자가 연구한 결과를 보아도 민주당 지지자들이 많이 모여 있는 지역에서도 이반현상이 생긴 건 민주당의 파워 엘리트들이 사회적인 약자나 민주당을 지지해 왔던 어려운 사람들과 거의 소통을 안 했기 때문이라는 거예요. 우리 사회의 경우 광화문, 여의도, 청와대 사이가 너무 멉니다.

이번에도 정치권은 여론을 주도한 게 별로 없어요. 사실 중요한 문제는 생태계 위기, 한반도의 평화 위기 등 그런 이슈들인데 이런 이슈로 광화문 촛불 같은 게 생길까 하는 생각을 하게 됩니다. 그래서 앞으로 우리가 공공성의 위기, 극심한 내부 분열을 어떻게 넘어설 것인가, 예를 들면 증세와 복지 논쟁 같은 건 어떻게 풀어 갈 거냐. 제가 보기에 다른 대안이 있다고 보지 않아요. 결국 민주주의가 심화·확대돼서 소통이 원활해지면 그 안에서 접점과 대안들이 나온다고 봅니다. 중차대한 복합 위기들이 밀려오고 있는데, 이제는 과거처럼 정치인들에게만 맡겨 놓고 소위 국민은 4년에 한 번, 5년에 한 번 투표만 하면 된다는 유권자 개념 가지고는 안 됩니다. 이번을 계기로 유권자라는 말을 주권자라는 말로 바꿔야 한다고 봅니다. 유권자는 정치인들이 붙여 준 말입니다. 소비자도 기업인들이 붙여 준 말이지요. 국민주권, 생활자 주권 의식을 가져야 한다고 생각합니다.

> 66 시민사회에도 이번 촛불시위가 중요한 전환점이 되리라고 봅니다. 주체적 개인의식을 가진 시민들의 등장이나, 소수자들의 인권존중 등의 면에서도 성숙해지리라고 봅니다.… 앞으로는 풀뿌리에서 삶의 정치, 일상의 문제를 얘기하는 공론장을 만들어 가야 하는 과제가 있습니다. 99

조성택(사회) 네, 여러 말씀 감사합니다. 여러 우려도 있고 여러 불안도 있습니다만 희망적인 현실입니다. 그리고 또 2부에서는 이 희망들을 어떻게 현실로 만들어 갈 것인가에 대한 말씀을 듣도록 하겠습니다. 약간의 휴식을 취한 뒤 이 자리에서 바로 시작하겠습니다. 그리고 입구에 종이와 작은 상자를 마련해 놓았는데요. 거기에 내가 살고 싶은 나라에 대한 생각을 적어서 넣어 주시면 제2부에 반영해서 이야기하도록 하겠습니다.

제2부

우리가
그려보는 나라

고병권(사회) 제2부 이야기를 이어가 보도록 하겠습니다. 시작하는 말로
제 이야기를 조금 하겠습니다. 오늘 새벽에, 3시 반에 일어났는데요. 새
벽에 세월호 인양을 한다는 뉴스를 들었던 터라 텔레비전을 켰는데, 그
때부터 아침 8시까지 눈을 떼지 못했습니다. 이번에 촛불집회에서 '이게
나라냐'는 이야기를 많이들 하셨는데요. 세월호가 가라앉는 모습을 보
았을 때도 속으로 '이게 나라냐'라는 생각들을 많이 하지 않으셨을까 싶
습니다. 그런데 3년 만에 올라오는 세월호, 그것은 제게 우리 모두가 알
고 있으면서도 인정하지 않으려 했던 어떤 것이 눈앞에 나타난 것처럼
보였습니다. 여기저기 금도 가 있고 구멍들도 뚫려 있고 녹도 많이 슬었
어요. 거기에 국민들의 주검이 실려 있고요. 그런데 공교롭게도 대통령
탄핵이 이루어지자마자 그것이 올라온 겁니다. 우리가 피할래야 피할
수 없는 무엇, 우리 사회가 눌러놓고 감춰두었던 그 무엇 말입니다.
미국 작가 레베카 솔닛이 이런 이야기를 했습니다. 영어로는 'emergency'
라는 게 비상사태 아닙니까. 그런데 'emergency'에, 바로 그때 'emerge'

하는 게 있다, 즉 비상사태가 되었을 때 우리에게 비로소 떠오르는 것이 있다는 겁니다. 저는 그게 비상사태를 피하지 않고 대면했을 때 우리에게 생겨날 수 있는 출구나 희망 같은 것이라고 생각합니다. 희망이란 우리가 비상상태를 마주할 때 떠오르지, 그것을 외면하고는 떠오르지 않을 거라는 생각이 들었습니다. 개인적으로 1부를 보면서 '정말 좋은 자리에 있다'는 느낌을 받았습니다. 아까 선생님들께서 두 가지 말씀을 주셨는데요. 한편으로는 촛불집회에도 불구하고 사람들이 잘 안 변하는 것, 잘 고치지 못하는 것이 있다는 말씀을 하셨고요, 특히 일상으로 돌아왔을 때 말입니다. 그리고 다른 한편으로는 '한국사회가 잘 안 변한다'는 비관적인 견해에 대해서는 꼭 그런 것은 아니라고, 즉 촛불이 느린 편은 아니라고, 그래도 우리가 꽤 많이 발전해 왔다는 말씀을 주셨습니다. 초조해하지 않으면서 고칠 것을 고쳐 가는 그런 자세 같은 걸 배웠습니다.

> **❝** 3년 만에 올라오는 세월호, 그것은 제게 우리 모두가 알고 있으면서도 인정하지 않으려 했던 어떤 것이 눈앞에 나타난 것처럼 보였습니다. **❞**

저는 오늘 이 자리 자체가 소중하다고 생각합니다. 우리가 던지는 질문이라는 게 보통 때는 '내 살길이 뭐지'에 머뭅니다. 그런데 '우리가 살고 싶은 나라는 뭐지'라는 질문을 던진다는 것, 함께 살길을 찾는다는 게 너무 좋습니다. 이것이야말로 이번 비상사태가 우리에게 준 선물이 아닐까 생각해 보기도 합니다. 진행자로서 말씀드리자면, 저는 이 자리가 논쟁보다는 지혜를 더하는 자리였으면 합니다. 우리가 살고 싶은 나라는 어떤 나라이고 그것을 만들려면 어떻게 해야 할까를 함께 고민하는 자리로 말입니다. 청중석 앉은 분들 중에서도 누구든지 손을 들면 제가 중간에 발언권을 드리겠습니다. 여기 선생님들께도 여쭤볼 수 있고, 자신의 생각을 말씀하셔도 좋습니다.

편의상 제가 생각한 진행 순서는 이렇습니다. 꼭 지켜지지는 않더라도 선생님들께서 염두에 두셨으면 합니다. 전반부 이야기 주제는 정치 쪽에서 시작해 보았으면 합니다. 우리가 살고 싶은 나라는 어떤 정치제도와 문화를 가진 나라인가, 그리고 그것을 위해서는 어떤 실천이 필요한가를 이야기해 보고요. 후반부에는 사회, 환경, 생태 등을 주제로 해서 우리가 살고 싶은 나라의 공동체성이랄까요, 사회공동체를 포함해서 생태공동체까지, 이에 대한 이야기를 좀 나눴으면 합니다.

첫번째 이야기를 열기 위해서 제가 먼저 선생님들께 여쭙겠습니다. 지금 탄핵이 이루어졌습니다. 탄핵이란 문제가 많은 지도자에 대한 축출입니다. 하지만 이런 의문도 듭니다. 문제는 지도자였는가? 탄핵이 일어났다는 것은 대선이 있을 거라는 이야기이기도 한데요, 그렇다면 문제 있는 지도자를 역량 있는 지도자로 바꾸면 문제는 해결될까. 저는 이것이 문제를 너무 쉽게 보는 태도라고 생각합니다. 우리 사회의 문제를 지도자 문제로 축소할 위험이 있습니다. 우리 사회의 문제를 지도자의 문제로 축소하지 않고 국민의 뜻이 반영될 수 있는 정치제도와 문화, 또는 국민의 참여가 조금 늘어갈 수 있는 정치제도와 문화에 대한 고민이 필요한 건 아닐까요? 우리에게 필요한 법적, 제도적, 문화적 개혁 방안은 어떤 것일까요. 제 생각에는 이부영 선생님께서 현실 정치를 이것저것

보셨고 진보와 보수 양쪽에서 이야기를 해주셨으니까 물꼬를 터 주신다는 의미에서 말씀을 시작해 주시면 좋겠습니다.

> 66 우리가 던지는 질문이라는 게 보통 때
> 는 '내 살길이 뭐지'에 머뭅니다. 그런데
> '우리가 살고 싶은 나라는 뭐지'라는 질
> 문을 던진다는 것, 함께 살길을 찾는다
> 는 게 너무 좋습니다. 99

이부영 제가 먼저 한 말씀 드리면요, 지금 북핵 문제랄까, 사드 문제 등을 통해 한반도에서 미국과 중국의 새로운 양강 체제, 새로운 냉전이 격화되고 있는 조건에서 우리가 살고 있습니다. 해방되고 나서 새로운 조국을 건설하려던 것이 미소 양국의 남북한 군사점령으로 분단이 되고 큰 위기와 작은 위기가 반복해서 우리들을 엄습해 왔고, 지금도 그 조건은 최악의 상태를 향하고 있습니다. 우리는 이러한 대외 조건이 계속 압박해 오는 가운데서 민주주의도 완성해야 하고 한반도 평화도 지켜야 하기 때문에, 이런 조건을 갖지 않은 다른 나라에 비해서 몇 배 더 힘이 드는 과정을 겪으며 살아 왔습니다. 그런 문제를 잠깐 축약해 말씀드리고 본론으로 넘어가겠습니다.

1987년~88년 무렵까지 계속해서 남북한의 대결이 군사독재의 구조화로 나타났던 거예요. 한반도의 긴장과 전쟁 위기에 대응한다는 구실 아래 독재정치를 한 거죠. 이승만도 그렇고 박정희도 그렇고 전두환도 그렇고. 그런데 1987년 6월 항쟁이 전개된 그 시기는 이른바 세계적으로 데탕트가 시작된 시기였어요. 미소의 핵무기 감축 소식이 있었고, 이어서 폴란드 같은 나라에서 자유노조 운동이 일어나고, 동독, 체코 이런 데서 자유화 운동이 전개되면서 소비에트 연방 해체 분위기가 조성되었죠. 이런 일련의 상황들 속에서 1989년 베를린 장벽이 무너진 것이죠. 우리 내부 상황을 보면, 87년 6월 항쟁에서 통일민주당과 평화민주당 양당이 합쳐져서 민주정부가 수립됐더라면 그 데탕트 시대에 맞춰서 엄청난 민주주의 발전을 이루었을 거예요. 그런데 양당이 분열되면서 노태우가 집권하고 군사독재가 5년이 더 지속된 거예요. 황금 같은 시기에 우리는 국내에서 큰 좌절을 겪은 겁니다.

그때 그 세계사적인 변화로 인해 소비에트 연방이 해체되고 독일의 통일이 이루어졌죠. 그리고 소비에트 연방이 해체된 이후 수립된 러시아와 중국이 대한민국을 인정하면서 외교관계가 수립됐습니다. 그리고 1991년 남북한이 동시에 UN에 가입했죠. 그때 우리가 기대했던 것은 이런 거였어요. 미국과 일본도 북한을 외교적으로 승인하고 상호 수교를 하는 것이었어요. 그런데 미국도 그렇고 한국의 보수세력도 동유럽에서 소비에트 연방과 사회주의 진영이 해체된 것처럼, 동아시아에서도 중국이나 북한, 베트남의 사회주의 정권의 붕괴가 일어나지 않겠는가, 그런 희망을 가졌지요. 그것과 맥을 같이한 게 중국의 천안문 사태입니다.

> **66** 우리는 이러한 대외 조건이 계속 압박해 오는 가운데서 민주주의도 완성해야 하고 한반도 평화도 지켜야 하기 때문에, 이런 조건을 갖지 않은 다른 나라에서 비해서 몇 배 더 힘이 드는 과정을 겪으며 살아 왔습니다. **99**

그런데 동아시아에서는 동구와 같은 일이 일어나지 않았어요. 왜 그러냐? 동구는 구미 제국주의에 의해서 식민지를 경험한 나라들이 아니었어요. 동아시아는 중국이나 베트남이나 한반도 모두 제국주의의 식민지 및 반식민지가 되어서 민족해방운동이 벌어졌고요. 그래서 베트남이나 중국, 북한에서는 민족해방운동 세력이 사회주의와 결합을 해서 새로운 정권이 탄생했던 겁니다. 동유럽이나 소련은 그런 과정을 겪지 않았어요. 이 동아시아에서 사회주의나 공산주의 정권은 민족해방운동과 결합하여 굉장히 확고한 대중적 지지기반 위에서 수립됐기 때문에 동유럽처럼 쉽사리 무너질 그런 체제가 아니었어요. 그런데 미국은 북한에서도 김일성 정권이 무너지리라는 전략적 기대를 가졌고, 우리 역시 그랬어요. 우리 보수세력도 그런 생각이었어요. 중국이나 러시아는 대한민국을 승인했는데, 미국이나 일본은 북한을 인정하지 않고 수교를 안 하니까, 북한은 그때부터 '유럽에서처럼 우리를 무너뜨리려는구나' 하고 핵개발을 시작했던 겁니다. 그게 1992년~93년 무렵이었어요. 그것이 지금까지 계속되면서 봉쇄와 제재를 가했음에도 불구하고, 핵능력은 고도화되고 운반수단으로 대륙간 탄도 미사일을 개발할 단계에 이르렀습니다. 그리고 미국은 중국을 압박해서 북한의 핵개발을 저지하려고 하는데, 중국은 만약에 북한이 미국이나 일본, 남한에 의해서 무너질 경우 순망치한의 상황, 곧 입술이 없어지면 이가 시려지는 것과 같은 상황을 맞게 될 거라고 보는 거죠. 중국은 그걸 용납 못하는 거예요. 미국과 일본, 남한이 북한에 대해 흡수통일 내지는 체제 붕괴를 노리고 있으니까 사태가 여기까지 왔습니다.

제 얘기를 정리하겠습니다. 이제 북한 핵을 선제 폭격 같은 방식으로 제거하려고 하는데, 북은 이미 중장거리 미사일을 개발해서 일본 오키나와와 괌에 있는 미군 기지를 폭격할 능력을 가지게 되었습니다. 한국에 사드를 배치하는 것은 주일미군이나 괌 미군을 방어하려는 것이지, 대한민국 수도권을 보호하는 데는 아무 역할을 할 수 없습니다. 대한민국 방어용이 아니라 주한미군이나 오키나와 괌의 미군을 방어하기 위한 그런 용도예요. 그리고 전략적으로는 성주에 사드를 배치할 경우에 동북삼성 만주 지역이나 화북 쪽에 있는 중국의 핵미사일 기지, 연해주와 캄차카 반도에 있는 핵미사일 기지까지 감시할 수 있는 거지요. 그 기지들은 미국 본토를 공격하기 위한 미사일 기지예요. 그 기지들을 속속들이 들여다보는 일을 성주의 사드기지가 하게 되는 거예요. 그래서 중국과 러시아는 지금 공공연하게 한국에 사드가 배치될 경우 유사시에 성주의 사드기지를 선제 타격할 것이라고 공표하고 있습니다. 다시 말해서 우리는 주일미군을 방어하기 위해 통합미사일방어[MD]체제의 일환으로 성주에 전진배치 되어 있는 X밴드 레이더 기지가 미 본토를 보호하기 위한 기능을 한다는 것을 알아야 한단 말이에요. 성주 사드기지가 러시아나 중국의 핵미사일 기지로부터 미 본토로 날아가는 미사일을 제일 먼저, 오키나와나 괌에 있는 X밴드 레이더 기지보다 7~8초 앞서서 탐지한다고 하더군요. 미 본토로 날아가는 미사일을 요격하는 데 7~8초는 굉장히 긴 시간입니다. 그런 의미에서 사드기지를 중국이나 러시아까지도 용납하지 못하는 이런 상황인데, 우리는 바로 미 본토나 주일미군을 지켜주기 위해서 불구덩이 속에 기어들어 가는 꼴이에요.

우리는 이런 부분에 대해서 주권이 없는 상태 아니에요? 대통령도 없고, 정치권도 전부 선거에 매달려서 그런 데 신경을 못 써요. 그런 데 신경

썼다가는 표가 나오지 않을까봐 말도 못합니다. 이런 상황 속에 일이 진행이 되고 있습니다. 만약 일이 이렇게 진행돼서 한반도의 안보 위기가 계속 악화될 경우, 우리가 국내에서 하려는 개혁을 제대로 해낼 여력이 남아 있을까, 혹시나 또다시 국내정치를 억압하는 혹독한 체제가 출현하지 않을까 이런 걱정을 하지 않을 수 없습니다. 민주주의의 실현과 확장을 요구하는 촛불시위 같은 것이 일상적으로 국민들에 의해 표출되는 것을 억압해야만 지배 세력이 자신의 뜻대로 일을 할 수 있단 말이에요. 군사적 긴장 같은 걸 강요할 수 있단 얘기죠. 따라서 저는 지금 이 사드 기지 문제에 대해서 대통령도 교섭을 할 수 없고 국회에서도 대응을 할 수 없는 상황에 놓여 있는데, 새 정권 들어서기 전에 사드 배치하는 걸 그대로 용납하고 말 것이냐, 이런 것에 대한 답을 구해야 한다고 생각합니다. 그런 걸 전제로 해놓고 우리가 얘기를 해야 한다고 생각합니다.

> 66 사드를 배치하는 것은 주일미군이나 괌 미군을 방어하려는 것이지, 대한민국 수도권을 보호하는 데는 아무 역할을 할 수 없습니다.… 미 본토를 보호하기 위한 기능을 한다는 것을 알아야 한단 말이에요. … 우리는 이런 부분에 대해서 주권이 없는 상태 아니에요? 99

고병권(사회) 네. 사실 제가 문제를 안에서 접근할까 바깥에서 접근할까 고민을 했습니다. 저는 나라 안에서부터 문제를 풀어가 볼까 했는데, 이부영 선생님께서 오히려 잘해 주신 것 같습니다. 우리가 살고 싶은 나라에 대한 이야기를 지금 우리가 어디에 놓여 있는가라는 데서 풀어갈 수 있을 겁니다. 한편에는 사드와 관련해서 중국과 긴장관계에 있고, 다른 편에는 위안부 문제로 일본과 긴장관계에 있는데요. 최근 남북한 상황이 외국에서는 한반도에서 전쟁이 나는 것 아니냐는 우려가 있을 정도입니다. 우리의 촛불이 놓여 있는 곳이 편한 상황이 아닌 것 같습니다. 이런 상황에서 국내 개혁이 어떻게 가능하겠느냐는 말씀을 이부영 선생님이 해주신 것 같고요, 이왕 이렇게 주제가 온 거니까 이 이야기를 받아서 이남곡 선생님께서 이야기해 주시면 좋겠습니다.

이남곡 저는 간단히 할게요. 아주 중요한 말씀을 하신 것 같아요. 사실 우리 정치를 규정하는 것이 우리의 지정학적인 조건과 분단입니다. 저는 『한겨레신문』에 칼럼을 쓰고 있는데 3월 31일자 칼럼에서 앞으로 선출될 19대 대통령에게 공개적으로 편지를 보냈습니다. 많은 사람들이 북핵에 대해 크게 걱정을 하고 있습니다. 또한 사드를 배치하려 하니까 중국의 보복이 돌아오고, 그걸 또 안 하려고 하니 미국과의 관계가 걱정되는 진퇴양난의 상황에 있습니다. 지난번 뉴스를 보니까 앵커가 '고래 싸움에 새우 등 터진다, 새우가 갈 길은 뭐냐'는 멘트를 하더라고요. 사실은 분단이라고 하는 것이 고정된 진영논리의 바탕에 있습니다. 그동안 분단을 제거하기 위한 방식으로 제시되어 왔던 것이 통일입니다. 이런 관념이 계속 지배해 왔어요. 남북이 똑같습니다. 하지만 동상이몽이에요. 다 상대를 통일의 대상으로 생각하고 있습니다.

한국이 만성적 저기압 상태를 벗어나서 이 지정학적 요충지에 고기압을 발생시킬 수 있는 것이 뭐냐? 지금 북한의 자세한 경제 상황은 모르겠지만, 한국은 상당한 경제적 고기압이 발생하고 있습니다. 다만 근본적인 부분에 있어서 계속 우리 역사를 어렵게 만들어 왔던 만성적인 정치적 저기압, 그게 어디에서 기인하는 것인가 하면 분단 문제를 해결하는 방법이 통일에 있다고 믿는다는 거예요. 하지만 분단 문제를 해결하는데는 통일 이외의 다른 방법이 있습니다! 아까 북일수교 북미수교를 말씀하셨지만, 북미수교가 이루어져서 한반도 정세가 나아진다고 보는 건 매우 수동적이고 소극적인 입장입니다. 저는 먼저 통일이라고 하는 것을 적극적으로 원한다면, 오히려 우리가 통일이라는 말을 가슴 깊숙한 곳에 감추어야 한다고 봅니다. 사실 지금 통일이라는 것은 대단히 비현실적이에요. 지금 가능한 통일 방식을 생각해보면, 북한이 한국을 통일할 수는 없습니다. 결국 남한이 북한을 흡수 통일하는 건데, 그랬을 때 과연 남북이 행복할 것이냐에 대해 어떤 보장도 없습니다. 오히려 내란 가능성이 크다고 보는 사람이 많아요. 그래서 저는 우리가 먼저 주도적으로 남북관계를 민족 내부의 관계가 아니라 일반 국가관계로 전환해야 한다고 봅니다. 남북이 '같은 민족이니까 통일해야 돼'가 아니라 일반 국가관계로 전환하는 거예요. 그러니까 평양과 서울이 각각 북한과 남한의 수도로 존재하는 것이죠. 일반 국가관계로 전환할 때 중요한 것은 상호불가침과 내정불간섭입니다. 그래도 북을 못 믿겠으면, 주권국가로서 대한민국은 계속 한미동맹을 유지하는 거예요. 우리가 사드 문제든 핵문제든 북한 문제에 휘말려서 서로 이득 될 것이 없어요. 북한 문제에 휘말리지 않는 근본적인 방법이 바로 남북관계를 민족 내부의 관계에서 일반 국가관계로 전환하는 길입니다.

> 66 통일을 적극적으로 원한다면, 오히려 통일이라는 말을 가슴 깊숙한 곳에 감추어야 합니다. 사실 지금 통일이라는 것은 대단히 비현실적이에요. 남북이 '같은 민족이니까 통일해야 돼'가 아니라 일반 국가관계로 전환하는 거예요. 99

그래서 다음 대통령한테 과감하게 이걸 제안하고 싶은 거예요. 근본적인 것을 바꾸자 이거예요. 남북한 문제를 해결하는 길을 통일에서 찾지 말고, 두 국가를 유지하는 데서 찾자는 것이죠. 지금 세계를 보면 오히려 세계연방으로 나가는 것이 추세 아닙니까? 특히 전통적인 민족주의 입장에서 보더라도 삼국시대가 민족의 생명력도 강했고 강역(疆域)이 더 넓었어요. 하물며 글로벌 시대에, 특히 아시아를 바라보고 연방을 바라보는 시대에 어떻습니까? 한 민족이 다수 국가를 유지하는 것이 민족의 생명력에도 도움이 된다고 생각합니다. 그래서 분단 문제를 풀어가기 위해 남북의 두 국가체제, 다시 말해 일반 국가관계로 전환해보자, 이렇게 제안을 해보겠습니다.

고병권(사회) 깜짝 놀랄 만한 제안인데요, 두 나라로 인정하자는 건 휴전선을 국경으로 만들자는 거 아닙니까. 분단 문제에 대한 아주 근본적인 발상의 전환이 아닐 수 없습니다. 분단 문제의 해결이 통일에 있다는 생각을 버리라는 건데요. 정성헌 선생님 어떻게 생각하십니까?

정성현 지금 우리의 위기는 혼자 오지 않고 여러 위기가 겹쳐 오기 때문에, 지금 원래 정치고 제도고 문화고 다시 한번 생각해 봐야 할 것 같아요. 지금 정치 쪽에서 대부분 일자리 문제 등과 같이 내부 위기에 대해서 많이 얘기하는데, 전쟁 위기가 더 중요합니다. 사람이 죽어가는 거니까요. 사실 저는 늘 제일 많이 걱정하는 것이 생명의 위기입니다. 전쟁의 위기보다 더 심각한 것이지요. 예를 들어 2017년 2월 27일부터 3월 1일 사이에 바티칸에서 과학 아카데미를 열었는데, 생물종의 절멸에 대한 회의였습니다. 금세기 안에 생물종의 반이 없어진다고 발표되었습니다. 결국 인간이라는 종이 금세기 안에 이 지구상에 생존해 있을지 사실은 낙관적이지 않죠. 그렇게 보면 사실은 근본적으로 생명의 위기, 인류 생존의 위기가 제일 근본적인 위기고, 지금 우리 생명을 좌우할 전쟁 위기는 당장 해결해야 할 위기죠. 이런 위기들을 염두에 두면서 또한 우리가 지금 심각하게 여기는 내부 위기, 이 삼중의 위기를 동시에 어떻게 해결해야 하느냐가 문제입니다. 저는 이 위기를 정직하게 인식하고 받아들이는 데서 위기 극복의 실마리를 얻을 수 있다고 봅니다.

> **❝** 근본적인 것을 바꾸자 이거예요. 남북한 문제를 해결하는 길을 통일에서 찾지 말고, 두 국가를 유지하는 데서 찾자는 것이죠.⋯ 다시 말해 일반 국가관계로 전환해보자, 이렇게 제안을 해보겠습니다. **❞**

많은 사람들은 지구 생명의 위기에 대해서는 얘기 안합니다. 그냥 환경

운동하는 사람 또는 녹색당의 과제로만 여기죠. 그런데 저는 그렇게 안 봅니다. 꼭 8년 전에 우리나라 토종벌의 97퍼센트가 죽었습니다. 정부에서는 76퍼센트가 죽었다고 했지만요. 올 2월 22일에 선배 한 분이 저보고 '『뉴욕 타임즈』빨리 검색해 봐라' 하고 말씀했는데, 내용인즉 캘리포니아 벌이 50퍼센트가 죽었다는 것이었어요. 여기 조성택 원장님께 부탁을 해서 번역을 해서 읽어 보았습니다. 4년 전에도 캘리포니아 벌이 많이 죽었어요. 저는 '지구상에 벌이 멸종한다면 인류는 5년 안에 없어질 것이다'고 했던 아인슈타인 박사의 얘기를 늘 인용하는데, 사실은 위기가 코앞으로 다가왔습니다. 2년 전에 파리에서 신기후협약이 합의되고 작년에 170여 국가가 서명을 했습니다. 이산화탄소를 결정적으로 줄이자는 것이 핵심인데, 성장 얘기에 묻혀서 이게 제대로 논의가 되지 않습니다. 요새는 4차 산업혁명 얘기도 많이 나오는데, 그것의 골자는 사실은 불을 많이 쓰자는 얘깁니다. 불을 더 많이 써서 더 자동화해야 한다 그런 얘긴데, 저는 불을 덜 쓰고 살아남으면서 행복해질 수는 없는가 하는 문제를 제기해야 한다고 봐요. 이 과제를 현실정치와 우리의 삶, 문명양식 이런 것과 연결해서 풀지 않는 한 실제로는 죽음에 빨리 도달하게 됩니다. 그래서 구체적으로 어떻게 해야 할지 모르겠습니다만, 지구 생명 전체의 위기에 대한 심각한 인식과 수용, 또 그것을 극복하기 위한 인류 전체의 전면적 노력이 이루어지지 않으면 '현재 우리가 논의하는 것이 무슨 의미가 있는가?' 하는 생각이 듭니다.

> **66** 꼭 8년 전에 우리나라 토종벌의 97%가
> 죽었습니다. 4년 전에도 캘리포니아 벌

이 많이 죽었어요. 저는 "지구상에 벌이 멸종한다면 인류는 5년 안에 없어질 것이다"고 했던 아인슈타인 박사의 얘기를 늘 인용하는데, 사실은 위기가 코앞으로 다가왔습니다. **"**

고병권 이야기가 더 커져 버렸네요. 제가 너무 좁은 데서 시작했나 봅니다. 이제 지구 생명 위기까지 나와 버렸는데요. 제 처음 발상은 이랬습니다. 우리가 살고 싶은 나라와 관련해서 문제들을 하나씩 쌓아 보는 겁니다. 물론 해결책이 쉽지 않은 그런 문제들일 겁니다. 그런데 이것들을 쭉 쌓다 보면 우리의 기존 발상이 전환되지 않으면 안 되는 지점에 이르지 않을까 싶었습니다. 거기서 우리의 기본 시각, 그러니까 인간과 사회, 생태 등을 대하는 우리의 바탕 시각을 다시 만들어 보는 겁니다. 그리고 이것을 다시 헌법에 반영하고 거기에 입각해서 개별적인 제도와 정책들을 만들어 가면 좋겠다는 생각을 했습니다. 혹시 강대인 선생님께서 보태 주실 수 있으십니까?

강대인 생태계 문제에 관심이 많기 때문에 한 말씀만 드리면, 지금 한중일 인구가 전 세계 인구의 4분의 1 정도 되는데, 이 세 나라 해안에 앞으로 10년에서 15년 사이에 세계 원자력발전소의 3분의 1 정도가 들어설 계획이라고 하는데요. 핵무기도 핵무기지만 후쿠시마 같은 거 하나 터지면 동북아가 재앙에 빠질 텐데, 이런 문제들을 함께 고려하기 시작하면 문제는 더욱 심각합니다. 지금 고령화 문제와 저출산 문제도 간단한 게 아니죠. 고령화가 될수록 민주주의가 후퇴하는 등 문제는 심각합니다. 그래서 영국에서는 브렉시트 이후 젊은이들이 나이든 사람한테는 투표권을 주지 말자는 얘기가 나올 정도니까요. 하여튼 상황이 굉장히 복잡하게 전개되고 있습니다. 민주화와 산업화는 우리가 인간적인 삶이나 문명된 사회로 가는 조건이지 궁극적 목적은 아니지요. 무엇을 위한 산업화고 무엇을 위한 민주화인가라는 인문적이고 근본적인 물음을 다시 던져야 합니다. 그래서 이제는 인간적 삶, 문명된 사회를 지향하는 생명평화를 중심 가치로 삼고 국정기조를 마련할 때가 되었다고 봅니다. 생명평화를 이루려면 안보하고 경제가 중요하다 하는 식으로 가치의 순위를 조정해 접근해야 합니다. 우리 사회는 사회적 이슈마다 대립이 첨예해서 컨센서스를 이루는 것이 지극히 어렵고, 결국 모든 문제가 이 문제로 귀결되는 것 같습니다. 그런데 또 지나고 보면 결국 항상 정부가 원하는 대로 추진되더라고요. 우리 민간 쪽에서 많은 저항과 노력을 했지만 사실은 별로 성취를 이룬 예가 없습니다. 제가 보기에는 모든 문제가 이 문제 같아요. 모든 문제에 대해 내부적으로 어떻게 합의를 형성해 갈 수 있는가가 관건인 것 같습니다. 상당한 시간이 걸린다 하더라도 지속적인 논의의 장이나 공론의 장을 통해서 뭔가 접점을 찾아가는 데에 중점을 둘 수밖에 없는 거 같아요. 그렇기에 역시 정치가 중요합니다. 그래서 이번 기회를 계기로 해서 대의민주주의하고 직접민주주의의 두 바퀴가 같이 가는 혼합민주주의를 지향할 때가 된 것 같습니다. 착하고 바르게 살려는 많은 국민들은 삶의 정치, 소통의 정치 이런 방향을 원할 거라고 봅니다. 좌우 프레임에 따라 전개되는 권력정치는 뭐든지 좌우 프레임에다 집어넣으려고 하는 것 같습니다.

> **"** 그런데 또 지나고 보면 결국 항상 정부
> 가 원하는 대로 추진되더라고요. 우리
> 민간 쪽에서 많은 저항과 노력을 했지
> 만 사실은 별로 성취를 이룬 예가 없습
> 니다.… 그렇기에 역시 정치가 중요합
> 니다. 이번 기회를 계기로 해서 대의민
> 주주의하고 직접민주주의의 두 바퀴가
> 같이 가는 혼합민주주의를 지향할 때가
> 된 것 같습니다. **"**

고병권(사회) 네, 아주 중요한 말씀을 해 주셨습니다. 이 토론회 시작 전
에 저희끼리 헌법 얘기를 잠깐 했었습니다만, 그때 선생님께서 헌법 1
조에 '모든 인간은 존엄하다' 이런 게 들어가면 좋겠다는 식으로 말씀을
하셨는데요. 지금 헌법은 영토와 주권에 대한 규정에서 시작해서 권력
구조에 대한 이야기를 먼저 하고요, 그 다음에 국민기본권, 인권에 대한
이야기가 나옵니다. 그런데 우리가 지향해야 할 가치가 무엇인지에 대
한 이야기가 그 밑바탕에 깔려 있어야 할 거라는 생각이 듭니다. 그래서
논의를 투 트랙으로 진행하면 어떨까 싶습니다. 한 가지는 방금 말씀드
린 우리가 지향해야 할 가치에 대한 논의를 하고요. 다른 한 가지는 방
금 강대인 선생님께서 말씀하신 것처럼 우리가 살고 싶은 나라에 대한
시민들의 목소리를 어떻게 정치에 반영할 것인가, 이를 위해서는 어떤
문화적·제도적인 개편이 필요한가? 이런 쪽으로 이야기가 갈 수 있을
것 같은데요. 이남곡 선생님과 이부영 선생님, 두 선생님께서 우리 사회
가 중심에 놓아야 할 가치에 대한 이야기를 풀어 주시면 좋겠습니다.

이남곡 진행하시는 분이 참 어렵겠다는 생각을 했습니다. 지금 논의가 굉장히 근본적인 방향으로 넓어져 가기 때문에 진행하시는 분을 돕는 의미에서 제가 그동안 계속 생각해 왔던 것을 정리해서 말해 보겠습니다. 일단 남북 간의 평화를 정착하는 것이 우선이다, 그 다음에 남과 북쪽의 현재 상태로 볼 때 희망은 남쪽에 있다, 남쪽에서 아까 이야기했던 생명평화의 새로운 문명을 만들기 위한 조건으로 먼저 남북관계에서 통일이라는 테마에 매달리지 말고 일반 국가관계로 정상화해서 일단은 남북 간의 전쟁을 없애는 것이 필요하다, 북쪽은 뭐 망하든 흥하든 그쪽 스스로 알아서 하게 내버려 두자 이겁니다. 그 다음에 우리 내부로 눈길을 돌려보면, 사실상 정치적인 연정이 불가피하다고 보고 있습니다. 그런데 연정이라는 게 정치공학적 야합을 뜻하는 건 아닙니다. 지금 우리 현실이 아까 이야기 드렸지만 정체성 확립이 안 되어 있어요. 공자는 정명(正名)이라고 하는데, 정명이 안 돼 있어요. 현재 우리 정치의 대립 구도를 이루는 양쪽 진영은 참으로 낡은 관념에 의해 굳어져 있는 상태인데, 지금 절박한 위기 상황에 처해 있기 때문에 먼저 이것을 깨뜨려야 한다고 생각해요.

저는 새로운 정치질서는 연정과 좌도우기(左道右器)를 통해 만들어야 한다고 생각해요. 좌파가 주장하는 이상을 우파도 인정하는 방식으로 실현하는 개혁이라는 것이죠. 이게 안 되면 사실은 정치적 안정을 이뤄 나갈 수가 없어요. 이렇게 해서 지향하는 게 무엇이냐, 새 문명의 건설입니다. 그런데 새 문명을 만들기 위해서는 제도만 가지고는 안 돼요. 강대인 선생님이 말씀하신 것처럼 인문운동이 필요합니다. 전 사실 인문운동가입니다, 요새 어쩔 수 없어서 정치 이야기 하고 있어요. 이제 대통령 선거 끝나면 정치 이야기 안 하려고 합니다. 인문운동을 통해 인문적 가치를 세워 보려는 데는 제 나름의 생각이 있습니다. 21세기에 르네상스를 한국에서 해보자는 거예요. 그 르네상스는 다른 게 아닙니다. 우린 건국철학을 위한 건국이념이 있습니다. 홍익인간과 이화세계(理化世界), 대단한 이념입니다. 근데 지금은 그게 신화로만 국한되어 있어요. 또 하나는 뭐냐면 우리한테 가장 영향을 많이 미친 사람이 공자와 석가입니다. 이 공자와 석가를 21세기에 새롭게 살려 내는 일, 그것을 통해 21세기 한국에서 새로운 문명을 위한 인문적 가치를 높이는 일을 저는 21세기 르네상스라고 보고 싶어요. 이 운동을 제가 지속적으로 수행하고 있습니다만, 그런 것은 그런 것대로 하되 앞에 이야기한 것처럼 정치가 나아가야 할 방향을 또 생각해보면, 저는 연정과 좌도우기의 개혁 외에는 잘 생각이 나지 않아요. 그 두 방향을 융합하는 것, 저는 그런 생각을 하고 있습니다.

> 66 저는 새로운 정치질서는 연정과 좌도우기(左道右器)를 통해 만들어야 한다고 생각해요. 좌파가 주장하는 이상을 우파도 인정하는 방식으로 실현하는 개혁이라는 것이죠. 이게 안 되면 사실은 정치적 안정을 이뤄 나갈 수가 없어요. 99

고병권(사회) 정리해 주셔서 고맙습니다. 정리가 약간 됐습니다. 이부영 선생님의 말씀까지 듣고 청중석의 이야기를 듣는 시간을 가져 볼까 합니다. 그전에 선생님들께 부탁드리고 싶은 게 있는데요. 어떤 분야, 어느 영역이든 상관없이 지금 말씀하신 기본적인 가치, 우리 사회에 꼭 필요한 가치가 실현되기 위해서 우리 사회에 꼭 필요한 제도라든지 꼭 필요한 변화가 무엇일지, 우리가 살고 싶은 나라를 위해 이런 것만은 고쳤으면 좋겠다는 것들을 미리 정리를 좀 해주셨으면 합니다. 청중석의 이야기를 듣는 동안에요. 자 그럼 일단 이부영 선생님 이야기를 듣겠습니다.

이부영 저는 평소에도 화해 공존을 주장하고 있고, 말을 어떻게 하면 내가 상대방으로부터 조금 더 이해받을 수 있을까 그런 생각을 하면서 사는 사람입니다. 남북의 상호 평화공존, 교류협력을 이루는 것이 중요하다고 보는데, 그것은 우리 내부 체제개혁과도 아주 긴밀하게 연결되어 있는 겁니다. 평화공존을 지향하는 이유도 미국이나 일본이 북한과 수교를 시도하는 것과 똑같은 이유입니다. 북이 체제 위협 내지 흡수통일 같은 위협을 느끼지 않도록 하는 거거든요. 북이 핵과 미사일 개발을 하는 이유도 자기들 체제를 밖에서 위협하기 때문에 그것을 지키기 위해서 하는 거란 말이죠. 그래서 이제는 새 정부가 들어서면 미일도 북한과 수교를 하고 대한민국도 북과 상호 대표부 교환을 한다, 그런 것을 우리 정부가 미국에게 분명히 이야기를 해야죠. 당신들이 못하겠으면 우리라도 하겠다, 이렇게 나가야 하는 거죠. 그래서 북이 핵 협상에 나오도록, 나오지 않을 수 없는 조건을 대한민국이 능동적으로 만들어 주는 겁니다. 이게 뭐예요? 바로 이게 자주균형 외교입니다. 이런 걸 통해서 미국이나 일본이나 주변 나라들이 북핵문제를 풀 수 있는 조건을 대한민국이 주도적으로 제안하고 나가는 겁니다.

지금까지는 미국이 어떤 가이드라인을 정해 주지 않으면 대한민국 정부에서 우리 정책당국자들이 이야기를 못했어요. 그게 현실입니다. 미국에서 공부하고 온 분들이 너무 많이 정부를 주도하고 특히 외교안보 분야는 그분들이 전적으로 주도를 하고 있기 때문에, 미국과 정책 조율을 하고 나서야 우리 정책이 발표되니 그 정책은 미국 정책의 연장에 불과했어요. 이제는 우리가 어떤 생존의 한계까지 이르렀고, 스스로 해결하지 않으면 안 됩니다. 미국은 미국대로 아메리카 퍼스트라는 정책에 따라 자기 국익대로 해 나가는데, 우리가 그 국익 추구 정책을 그대로 따라서 했다가는 자신의 생존 자체가 어디로 갈지 모르는 시기에 이르렀기 때문에, 우리는 우리대로 살길을 찾으면서 미국에도 반(反)하지 않는 그런 걸 얼마든지 할 수 있다고 봅니다.

그래서 이남곡 선생님이 이번에 신문 칼럼을 쓰실 때 새 정부는 미국, 일본에게 북과 수교를 하도록 촉구한다고 해주셨으면 바라고요. 저는 새 정부에서 바로 이런 방향에 따라 정책을 모색해야 한다고 봅니다. 그런 속에서 평화통일이 아니라 평화공존, 교류협력을 추구하는 쪽으로 우리의 기본 기조가 바뀌는 겁니다. 이렇게 바뀌면 그것을 통해서 헌법 개정 같은 것도 새롭게 논의될 거고, 북한이 우리가 싸워야 할 적이 아니라는 인식을 얻을 수 있을 겁니다. 우리는 새로운 성장 동력을 북한 쪽에서 찾고, 북방경제, 곧 중국의 동북3성이나 연해주, 시베리아 쪽에서도 우리의 먹거리나 성장 동력을 찾는 시대로 가고 있고 또 가야 된다고 봅니다. 그렇다면 러시아나 중국과 대립을 불러일으키는 사드를 배치함으로써 중국과 러시아와 적대 관계를 형성하게 되는 구도로 가서는 우리 생존의 길을 찾기가 어려운 게 아니냐 이렇게 얘기를 한 뒤에, 나중에 내부개혁 문제를 이야기해야겠습니다.

> **❝** 이제는 새 정부가 들어서면 미일도 북한과 수교를 하고 대한민국도 북과 상호 대표부 교환을 한다, 그런 것을 우리 정부가 미국에게 분명히 이야기를 해야죠. 당신들이 못하겠으면 우리라도 하겠다, 이렇게 나가야 하는 거죠. **❞**

고병권(사회) 선생님들 말씀에서 두 가지 가치가 중요하게 부각되는 것 같습니다. 하나는 생명이고, 다른 하나는 평화입니다. 특히 남북이 어떻게 살아남고 평화를 유지하며 협력할 수 있는지에 대한 말씀을 해주셨습니다. 제 개인적으로 선생님들께 말씀드리고 여쭙고 싶은 게 있습니다. 이따 혹시 기회가 되면 선생님들 의견을 들을 수 있으면 좋겠습니다. 여기 젊은 분들이 많이 계신데요. 저 같은 사람들에게는 이런 답답함이 있습니다. 선생님들께서 대외정세나 남북문제, 문명의 전환의 필요성 등에 대해 말씀해 주셨지만, 저희 시야가 좁아서 그런지 저희가 피부로 느끼는 문제, 우리가 살고 싶은 나라에 대해 생각할 때 저희에게 딱 와닿는 문제, 지금 같은 나라에서는 도저히 못 살겠다고 생각하는 문제들에는 이런 것들도 있습니다. 최근 상징적인 사건들이 몇 개 있었는데요. 지난번 구의역에서 한 젊은이가 스크린도어에 끼여 죽었습니다. 비정규직 젊은이였습니다. 하필 그 사람 가방에서 컵라면이 나왔죠. 많은 사람들이 슬퍼했습니다. 또 강남역에서는 한 여성이 무차별하게 묻지마 살인을 당했고요. 거기 또 많은 사람들이 포스트잇을 붙였습니다. 단지 그 사람이 안됐다는 생각만은 아니었을 겁니다. 그보다는 왠지 그 사람 이야기가 내 얘기라는 것을 느꼈기 때문일 겁니다. 그리고 '이런 나라에서는 도무지 살고 싶지 않다'는 소리가 안에서 간절하게 나왔을 겁니다. 오늘날 많이 쓰이는 말 중에 '헬조선'이 있는데요, '이런 나라에 살고 싶지 않다'는 걸 나타내는 말이라고 할 수 있습니다. 이따 말씀해 주실 때 이런 이야기들까지도 염두에 두시고 해 주셨으면 좋겠습니다.

> 66 구의역에서 한 젊은이가 스크린도어에 끼여 죽었습니다. 비정규직 젊은이였습니다. 하필 그 사람 가방에서 컵라면이 나왔죠. 많은 사람들이 슬퍼했습니다. 또 강남역에서는 한 여성이 묻지마 살인을 당했고요. 거기 또 많은 사람들이 포스트잇을 붙였습니다. 단지 그 사람이 안됐다는 생각만은 아니었을 겁니다. 그보다는 그 사람 이야기가 내 얘기라는 것을 느꼈기 때문일 겁니다. 99

고병권 이제 청중석에 말씀을 청해 들어 볼까요? 제1부가 끝나고 종이를 나눠드렸는데요. 우리가 살고 싶은 나라에 대해서, 나는 적어도 이런 나라에 살고 싶다고 종이에 적은 것을 풀어 주셔도 좋고요. 아니면 선생님들께 이런 문제를 한번 여쭤 보고 싶다는 얘기가 있으면 손을 들고 말씀해 주시겠습니까? 최소한 이런 나라였으면 좋겠다든지, 아니면 이런 문제를 고쳐야 되지 않느냐, 이런 것들이 있으면 말씀해 주시기 바랍니다.

지금 당장 손을 드신 분이 안 계신데요, 그럼 제가 청중들께서 종이에 적어 상자에 넣어 주신 것들을 소개해 볼까 합니다. 먼저 이렇게 써 주신 분이 계시네요. "차이가 차별의 근거가 되지 않는 세상이었으면 좋겠다. 우리가 살고 싶은 나라는 그래서 물질적·경제적 풍요와 발전 속도가 삶의 질에 대한 척도로 작용하지 않는, 다시 말해 삶의 질을 그런 것으로 평가하지 않는 사회였으면 좋겠다. 사회적 약자에 대한 복지 여부, 성소수자의 인권이 사치로 여겨지지 않는 세상, 그러니까 여유 있는 사람들이 소수자 배려하는 그런 세상이 아니었으면 좋겠다"라고 써 주신 분이 계십니다. 또 한 분 이야기를 소개하겠습니다. 아주 길게 써 주셔서 몇 구절만 따오겠습니다. "사람들이 사는 데 다양한 사상이나 가치가 있으니까 부조리한 사회가 없을 수는 없을 거고 그거에 대해서 뭐라고 하지는 않는데 다만 그 정도를 줄이기 위해서 노력하는 나라가 됐으면 좋겠다", "너무 뜬구름 잡는 이야기 같지만 매일 밤 뉴스에서 무슨 충격적인 사실이 보도될지 긴장하지 않는 날이 좀 많았으면 좋겠고, 몸은 아니더라도 마음만이라도 좀 편안해서 행복을 누릴 수 있는 그런 나라였으면 좋겠다"라고 하셨고요, 여담이라면서 "촛불집회라는 치열함 속에서 사람의 온정을 발견할 수 있어서 참 좋았다"고 하셨습니다. 우리가 살고 싶은 나라의 어떤 이미지를 촛불집회에서 보신 것이죠. 사람들이 서로를 챙기는 나라. 여기 고려대 대학원에 재학 중이라고 쓴 분도 있는데요, 이런 나라를 꿈꾼다고 적으셨습니다. "비정규직 없는 나라, 여성 혐오 없는 나라, 병원비 주거비 육아비 걱정 없는 나라."

청중5 이남곡 선생님한테 직접 질문하고 싶은데, 상당히 공감 가는 내용이거든요. 제가 지금 40대 후반인데, 저희들이 초등학교 다닐 때, 박정희 10·26 서거를 직접 목격하고 일주일 동안 부모님하고 같이 울었던 세대입니다. 근데 그때 당시에는 반공 교육이 철저해서 북한이라고 하지도 않고 북괴라고 했거든요. 북한 사람들은 머리에 뿔 달린 짐승들이다 이런 식으로 교육을 철저하게 받았고, 지금 생각하면 언론에서도 아직까지 북한에 대해 UN에 등록된 조선민주주의인민공화국이라는 호칭조차도 사용하지 않고 있었거든요. 지금은 그냥 통상적으로 북한이라고 부르고 있지만, 남북한이 서로 존중하고 이해할 수 있는 길은 호칭부터 일단 정리를 하는 것이 시작이라고 봅니다. 이남곡 선생님 같은 경우 대표부를 설치하자는 제안을 해 주셨는데, 아까 이부영 선생님이 말씀하셨듯이 현행 헌법 자체가 대한민국의 영토를 한반도와 그 부속도서로 한다고 규정하고 있어서 우리나라와 북한은 하나의 나라라고 되어 있습니다. 따라서 헌법의 그런 규정부터 정리가 필요할 것 같습니다. 이남곡 선생님의 제안은 전반적으로 상당히 공감이 가는 내용이고 충격적인 내용이라고 생각합니다. 아마 보수적인 독자들이라면 3월 31일자 신문에 실리는 칼럼을 보고 선생님께 바로 전화를 할 것 같은 그런 내용 같습니다.

이남곡 제가 좀 당할까요? (청중 웃음)

이부영 『아시아경제신문』에서 제가 한 번 이야기 했어요. 그리고 지난번에도 한 번 썼는데, 아직 협박 같은 건 받지 않았어요(웃음). 영토 문제 같은 걸 건드리는 건 좀 힘들어요. 헌법 개정 자체가 쉬운 일이 아니니까 그 문제는 놔두더라도, 사실 북한이 망하고 흥하고 하는 것에 휘말릴 필요가 없다는 이야기는 제가 한 번 한 적이 있습니다. 그건 북한이 알아서 할 거고 북한의 민주화라든지 변혁이라는 건 북한의 몫이니까, 제가 관심을 가지는 일은 조선민주주의인민공화국과 대한민국의 국교 정상화입니다. 그걸 먼저 주도적으로 하고, 그다음에 북미 수교나 북일 수교는 북과 미국, 북과 일본이 수교해 가도록 우리가 적극 주선하자는 겁니다.

고병권(사회) 여기 종이에 자신을 심리치료사라고 소개한 분이 있네요. 내가 원하는 나라를 그림으로 예쁘게 그려 주셨어요. 그러면서 이렇게 쓰셨네요. "공정한 시스템이 체계적으로 설정된 가운데 정상적으로 운영되고 조금 불량이 있으면 다시 정의롭게 잡힐 수 있는, 그리고 평등하게 대우 받는다는 느낌을 확실하게 느낄 수 있는 사회가 됐으면 좋겠다"라고요. 그리고 여기 이름을 적진 않으셨지만 그림과 함께 이런 글을 적어 준 분도 있습니다. "대통령이 진짜 국민들을 생각해 주고, 아이들이 잘 살 수 있는 나라, 약자가 고통 받지 않는 나라였으면 좋겠다"고 하셨어요. 이 글 적어 주신 분 계세요? 아, 저기 계시네요. 여기 그림을 보면 저소득층과 고소득층의 자녀가 똑같이 A+를 받는 모습의 그림인데요, 정유라 사태도 떠오릅니다. 이 그림 조금 설명해 주시겠어요? 우리가 살고 싶은, 내가 살고 싶은 나라는 이런 나라다.

청중6 저는 미국 교환학생인데요, 한국 교육시스템이 미국 교육시스템하고 무척 차이가 많은 것 같은데, 한국 친구들을 보면 조금 마음이 아프거든요. 학원도 너무 많이 다녀야 되고 사교육비도 많이 들다 보니까 그런 것을 보완할 수 있는 대책이 마련되어야 할 것 같은 생각이….

고병권(사회) 네. 잘 알겠습니다. 혹시 우리 사회에서 이 문제만큼은 고쳤으면 좋겠다거나, 우리 사회에 이런 게 마련되면 좋겠다 싶은 것에 대한 아이디어가 있으시면 말씀해 주시겠습니까?

청중7 저는 영화이론을 공부하고 있는 사람입니다. 저는 1987년도에 고등학교를 졸업했고 그 6월 항쟁 당시에는 민주주의가 승리했다는 생각을 가지고 있었는데, 지금 와서 그때를 돌아보니 법이 잘못됐었고 어떤 야합이 있었다는 생각이 듭니다. 제가 드리고 싶은 질문은 민주주의와 법치주의가 어떤 방식으로 상호관계를 맺을 수 있는가, 서로 잘 조화될 수 있을 것인가에 대해서입니다. 양자가 잘 조화를 이룬 적이 없는 것 같은데, 양자가 과연 조화를 이룰 수 있는가에 대해 질문 드리고 싶어요.

고병권(사회) 한 분 더 질문 받도록 하겠습니다.

청중8 앞에서 말씀하신 것과 비슷한 맥락에서 질문을 드립니다. 정의의 문제로 인해 우리가 살고 싶지 않은 나라가 된 것 같다고 봅니다. 이상적인 이야기가 아니라 현실적으로 잘한 사람이 대가를 받고 잘못한 사람이 처벌을 받는 것이 정의라고 생각하는데, 해방 이후 민주화를 이루어 온 과정에서 이것이 한 번도 해결된 적이 없었던 것 같다는 것이죠. 이것이 민주주의나 법으로 해결될 수 있는 문제인지 회의적입니다.

긴 민주주의 역사 속에서도 제대로 된 법치주의나 민주주의 시스템을
재건하는 데 성공한 적이 없고, 이것이 과연 그런 말들로 해결될 수 있
는 문제인지 여쭤보고 싶습니다.

고병권(사회) 선생님들께서 짧게 답해 주시면 감사하겠습니다. 어느 선
생님이 답변해 주셔도 좋습니다. 민주주의·법치주의에 대한 문제, 또한
통하는 이야기지만 한국사회에서 정의가 자리 잡기가 왜 이렇게 어려운
지에 대한 말씀인 것 같습니다. 어떤 분이 답을 해 주시겠습니까?

> **❝** 이상적인 이야기가 아니라 현실적으로
> 잘한 사람이 대가를 받고 잘못한 사람
> 이 처벌을 받는 것이 정의라고 생각하
> 는데, 해방 이후 민주화를 이루어 온 과
> 정에서 이것이 한 번도 해결된 적이 없
> 었던 것 같다는 것이죠. **❞**

이부영 저는 정치했던 사람이니깐, 두 분이 이야기하신 것에 대해서 죄
가 많은 사람입니다. 그래서 죄가 많은 제가 답하겠습니다. 민주주의와
법치주의라는 말은요, 1960년 4월혁명이나 70년대 유신운동이나 80년
광주민주항쟁이나 87년 6월 민주항쟁에서 시민들이 다 이야기했던 거
예요. 그 운동에 참여했던 분들은 광장에서 민주주의를 외쳤고, 그 광장
의 외침을 반영하는 건 정치거든요. 광장의 외침이 이른바 법으로 제도
화될 때 겉보기에는 형식을 꽤 갖춘 것 같지만, 광장에서 외치던 시민들
이 다시 일상으로 돌아가서 보게 되면 기득권 세력들, 예를 들면 재계,

언론계, 군, 정보기관, 이런 곳의 기성 권력은 건재해서 뒤에서 민주주의와 법치주의를 훼손하는 일을 저지르면서 암약하는 겁니다. 그러나 한국의 광장 민주주의는 계기가 있을 때마다 계속 전개됐습니다. 4·19, 87년 때도 그랬지만, 이렇게 해서 기득권 세력을 일부 손을 봐 줍니다. 이번 촛불집회의 경우도 그렇듯이, 기득권 세력들은 광장에서 민주주의를 외치는 대중들의 눈치를 보게끔 되어 있어요. 여러 차례 광장 민주주의의 발화를 통해서 기득권 세력들이 우리가 조금 더 심하게 되면 또 들고 일어나겠구나 하는 이런 두려움을 갖게 되어 있어요. 그리고 이번에는 20여 차례에 걸친 대규모 집회를 통해 평화적으로 대통령을 끌어내리는 것을 그들이 봤습니다. 삼성의 이재용 부회장이 구속되는 것을 봤고, 유신의 화신인 김기춘이 구속되는 것을 봤습니다. 우병우까지 구속되면 더 좋겠습니다만, 하여튼 이런 일련의 장면들이 기득권 세력들에게 두려움을 주고, 그래서 지금 굉장히 국민들의 눈치를 보고 있는 상황입니다. 이것을 확대해서 보면 중국이나 북한에서 얼마나 두렵겠습니까? 이것이 그쪽으로 번진다고 생각하면 말이죠. 그리고 미국도 사드를 배치한다고 그랬지만 여기서 몇 십만이 몰려서 미국 대사관을 둘러싸고 소리 지르고 "우리는 한미 동맹을 지키겠다. 그러나 우리 주권을 무시하는 미국의 이런 행태는 용납 못하겠다"고 하면 어떻게 할 거예요? 대통령과 합의하는 것보다 이게 더 무섭습니다. 만약 사드를 일방적으로 배치하려는 미국에 맞서 우리나라에서 수십만 되는 사람들이 미국 반대를 외치는 시위로 발전한다면, 이것은 미국의 동아시아 정책 전반에 걸쳐 큰 위험으로 여겨지지 않을까요? 미국 국무장관이 우리 외교부장관하고 사드 문제에 관해서 논의했는데, 사실 우리 쪽 의견을 깔아뭉개고 간

거 아닙니까? 그러니 그런 것보다 촛불 수십만 명이 미국 대사관에 가서 소리치는 게 낫다는 거예요.

고병권(사회) 좋은 답변 해 주셨습니다. 사회자이긴 하지만, 저도 비슷한 견해가 있어서 한 말씀 보태고 싶습니다. 그간의 촛불집회가 민주주의의 표출이라고 하는데요, 사실 민주주의란 데모스의 힘이란 뜻 아닙니까? 우리는 이번 촛불을 통해 그 힘을 두 측면에서 다 보았다고 생각합니다. 먼저 민중들이 힘을 갖고 있다는 것, 그리고 또 민중들은 성숙했다는 것. 민중의 힘과 성숙이 다 드러난 것이죠. 그리고 이 사실을 민중 자신만이 아니라 통치자들에게 보여 주었다고 봅니다. 민중 자신도 힘을 보았고 통치자도 그 힘을 보았지요. 둘 다 데모스의 힘, 즉 민주주의를 본 겁니다. 그 힘이 사드든 뭐든 해결하는 데 도움이 되었으면 좋겠습니다. 국내 정치지도자들도 핑계 대기 좋을 것 같은데요. 국민들이 원하지 않는다는 식으로 하면 좋을 것 같습니다.

청중8 원래 제가 하고 싶었던 질문은 민주주의 제도를 시행하고 있는 상황에서는 총선을 통해 국회의원을 뽑잖아요. 그런데 그렇게 국민들이 국회의원을 뽑고 그들이 법을 제정하는데, 민주주의 사회라고 하는 사회에서 그렇게 만들어진 법이 제대로 안 통하는 현실이니 얼마나 통탄할 일이고, 민주주의라는 게 과연 이럴 수 있는지….

이부영 법으로 만들어 놨는데 지켜지지 않는 것, 더 힘센 자들이 그 법을 무시하고 지키지 않는 것, 그런 것 때문에 민주주의가 망가지는 것 아니에요? 이제는 노동조합이라든지 시민들의 자발적인 결사가 촛불집회에서만 표현되지 말고 평상시에도 작동이 되어야 해요. 그리고 입법부라든지 검찰이라든지 법치주의를 지켜 가야 할 자들이 그런 것을 안 지키면 그 사람들에게 압박을 가해야 하는 것입니다. 그것을 쉼 없이 해야 돼요.

> **66** 법으로 만들어 놨는데 지켜지지 않는 것, 더 힘센 자들이 그 법을 무시하고 지키지 않는 것, 그런 것 때문에 민주주의가 망가지는 것 아니에요? 이제는 노동조합이라든지 시민들의 자발적인 결사가 촛불집회에서만 표현되지 말고 평상시에도 작동이 되어야 해요. **99**

고병권(사회) 네, 이제 시간이 제법 흘렀는데요. 아까 부탁드린 대로 선생님들께서 우리가 살고 싶은 나라를 위해 중요한 문제가 무엇이고 한국 사회에서 달라져야 하는 것들이 있으면 말씀해 주십시오. 한국이 우리가 살고 싶은 나라가 되려면 이것을 이렇게 바꾸면 좋겠다라는 의견을 내 주셨으면 하는데요. 방금 이부영 선생님께서 말씀하셨으니깐 나중에 하시면 좋을 것 같고, 정성헌 선생님께서 한번 말씀해 주십시오.

조성택(사회) 우선 말씀을 듣기 전에, 사실 저는 정성헌 선생님께 같이 말씀을 드리고 싶은 부분이 있습니다. 함께 말씀해 주시면 좋을 것 같습니다. 아까 이남곡 선생님께서 말씀하신 남북관계를 일반 국가관계로 전환한다는 것과 맥을 같이하는, 정성헌 선생님이 평소 하신 말씀이 있습니다. 바로 독도 문제입니다. 우리는 한일문제만 나오면 굉장히 민감해지고, 남북문제에 조금 관대하다고 하더라도 한일문제만 나오면 민감해지는 경향이 있는데, 이 말씀도 겸해서 말씀해 주십시오. 다른 이야기일 수도 있는데 죄송합니다, 선생님.

정성헌 이부영 선생님 말씀, 제 작은 경험입니다만 그 말씀이 가장 현실적이라고 봅니다. 제가 남북 대화를 좀 경험했는데, 이야기가 가장 잘 진행될 때가 언젠가 하면 통일하지 말자고 할 때입니다. 통일하자고 하면 대부분 정해진 답밖에 나오지 않아요. 주한미군, 평화협정 등등 그런 이야기가 나오죠. 그런데 통일하지 말자고 하면, "서로 다툼 없이 사이 좋게 지내는 것이 통일보다 낫지 않겠느냐? 서로 속생각이 다르니까 통일은 안 되는 것이다"고 하면 이야기가 잘 됩니다. 아까 그것을 이야기해 주신 것이라고 봅니다. 한일 간의 문제 등도 중요하지만, 지금은 전쟁 위기가 높으니까 시간을 벌어서 근본적으로 전체 생명 문제를 해결하고 완화할 수 있는 방향으로 가야 하는데, 현실에 급급해서 그 이야기가 안 먹힐 겁니다.

그 문제를 어떻게 해결할 것인가에 대해 여러 가지 말씀이 나왔는데, 저는 두 가지만 말씀드리고 싶습니다. 사람은 이야기를 해서 서로 합의를 보고 실천해야 하는데, 실질적으로 교육 현실을 고치지 않으면 바뀌지 않습니다. 제가 몇 주 전에 인제 숲 유치원 교장으로 취임하여 아이들하고 첫 수업을 하고 학부모와도 얘기를 나누었습니다. 이분들 이야기가 교장선생님 말씀이 맞지만 우리 아이가 뒤처질까봐 그렇게 못하겠다, 학원 안 가면 같이 놀 친구도 없고 또 뒤떨어질까봐 할 수 없다고 합니다. 바로 여기에 답이 있는데요, 그러면 그런 것을 두려워하는 여러분들이 모여서 의논을 해서 구체적인 이야기를 교육장에게 해서 우리라도 그런 것을 안 하게 바꾸는 개혁의 힘을 키워야 한다는 것입니다. 실천과 개혁이 같이 가야 하는데 우리는 개혁과 실천이 따로 놀아서 잘 맞물리지 않습니다. 저는 교육문제를 해결하는 것을 교육개벽이라고 해요. 개벽적 사고로 그것을 바꾸지 않는 한 이 사회는 안 바뀐다고 보는 사람입니다. 또 그 다음에 아까 말씀드리기를, 어떻게 하든지 불을 덜 쓰면서 행복을 누릴 수 있는 세상을 만들어야 한다고 했는데, 우리가 사회 구조를 바꾸고, 거대문명에서 적정문명 그리고 작은 문명으로 바꿔야 하는데, 실제로 어떻게 할 것인가? 저는 기초자치 단위에서 구체적으로 (우리가 다 이루진 못하겠습니다만) 제가 말하는 생명사회실천계획을 10년 단위로 우리 시민들이 만들어서 시와 군과 합의를 봐서 구체적으로 실천하지 않으면 세상과 구조와 문명을 전체적으로 바꿀 수 있는 실제적 힘이 나오지 않는다고 봐요. 지금 제가 인제사회실천계획을 4년째 쓰고 있는데, 참 어렵습니다만 논의를 계속 해서 실천 단계로 들어가면 아마 조금은 될 수 있겠다 생각합니다.

> 66 제가 남북 대화를 좀 경험했는데, 이야기가 가장 잘 진행될 때가 통일하지 말자고 할 때입니다. 통일하자고 하면 대부분 주한미군, 평화협정 등등 뻔한 답밖에 나오지 않아요. 그런데 "서로 속생각이 다르니까 통일은 안 되는 것이다.

아까 독도 말씀은, 우리가 영토 문제는 양보할 수 없는 것이기 때문에
민감한 것이지만, 우리가 남북 평화 공조를 주도하면서 서해, 남해, 동
해 바다 전체를 평화 지중해 개념으로 이해하고 독도에 대해 사고한다
면, 문제에 대한 접근방법이 전혀 달라집니다. 이런 점에서 마지막으로
제안할 점이 있습니다. 인간 사회 민주주의를 튼튼히 하는 토대 위에서
생명 사회 민주주의로 가는 것이 우리가 살 길이고, 그것이 우리 민족의
인류사적 소명이라고 생각합니다. 민주주의 개념을 확대 심화하는 것이
민심과 하늘이 보이지 않게 요구하는 것이 아닌가, 그렇게 생각합니다.

고병권(사회) 이남곡 선생님 마지막으로 덧붙일 말씀 있으신지요?

이남곡 마지막 이야기죠? 제가 인문운동가로서 거론하는 단어가 활사
개공(活私開公)입니다. 활은 살릴 활, 사는 개인, 개는 열 개, 공은 공공할
때의 뜻입니다. 멸사봉공이나 선공후사와 다릅니다. 이것들은 전체주의
와 집단 위주의 사고방식을 깔고 있습니다. 이것은 인류의 보편적 의식
에 맞지 않습니다. 개인을 전체나 집단으로부터 해방하는 활사가 중요
합니다. 개인의 다양성과 생명력을 해방하는 것으로부터 그것을 바탕
으로 해서 공에 대한 마음이 열려 가는 것입니다. 아까 복지주의에 대
해 말씀하셨지만, 활사를 제대로 하면 적어도 동양에서 오래전부터 말

해 온 소강사회(小康社會)를 이룰 수 있겠죠. 제가 그리는 사회를 한 마디로 말하면 대동사회입니다. 대동사회는 공이 열리는 사회입니다. 억지로 멸사봉공이나 선공후사 하는 것이 아니라 개인의 생명력을 충분히 발휘하는 바탕 위에서 공이 열려 가는 것입니다. 우리 한반도에서 이런 문화가 출현한다면 세계사적인 일입니다. 아직은 소강사회도 안 되었습니다만, 제가 염두에 두고 있는 것은 활사개공입니다. 한국은 활사는 어느 정도 나아갔기 때문에 소강사회, 나아가 대동사회로 나아가야 합니다. 아마도 이것이 강대인 선생님 등 다른 선생님이 그리시는 사회와 맞을 것입니다.

> **66** 개인을 전체나 집단으로부터 해방하는 활사(活私)가 중요합니다. 개인의 다양성과 생명력을 해방하는 것으로부터 그것을 바탕으로 해서 공에 대한 마음이 열려 가는 것입니다. **99**

강대인 제가 교육 문제에 관심이 많기 때문에 말씀 드릴 게 있습니다. 최근에 북유럽 나라들의 교육, 삶을 대하는 태도를 보면 영미권 문화와 다른 면을 느낍니다. 북유럽의 대학 진학률은 30퍼센트 정도이며, 학력보다는 직업에 관심을 두고 개인의 성공에 대한 집착보다 일상적 삶에 더 비중을 두는 것 같습니다. 하루하루의 삶을 어떻게 살 것인가에 관심을 갖는 것 같고요. 이에 반해 영미 문화권은 자기 계발을 위한 성취동기가 높은 것으로 보입니다. 이 두 흐름을 놓고 개인이 어떤 진로를 선택하든 깊이 생각할 점이 있는 것 같습니다. 결국 스스로의 적성과 소질에 맞는 진로 선택을 할 수 있어야 하고 평생학습이 가능한 교육 시스템이 마련되어야 하겠지요. 북유럽의 경우 교육과 관련하여 우리가 본받아야 할 사회정책의 방향은 직업구조에 관한 것입니다. 보상체계가 공정합니다. 외적 보상과 내적 보상이 균형을 이루어 직업에 따라 인간 격을 갑, 을로 나누는 인간석 차별이 없는 사회라야 교육도 정상화될 것입니다. 그런 점에서 교육이 바로 서려면 어떤 직업을 갖고 어떤 일을 하든지 간에 자기의 존엄을 유지할 수 있어야겠지요. 마지막으로 주최 측에서 숙제로 주신 우리가 살고 싶은 나라에 대한 답변을 드립니다. 저는 바른 소통과 바른 관계가 이루어지는 나라에 살고 싶습니다. 하늘, 사람, 땅과의 관계가 회복되는 나라에 살고 싶습니다.

이부영 헌법 개정 얘기를 많이 하고 싶었는데 벌써 시간이 거의 다 됐어요. 제가 바라기는 아까 이남곡 선생이 이야기하시는 그런 외적 조건이 충족되고, 한반도에 전쟁 위험이 상당히 줄어들고, 평화공존과 교류협력 이런 쪽으로 남북관계가 새로 정리가 되고 우리를 둘러싸고 있는 주요 강대국들도 그 방향으로 우리가 주도해서 끌고 갈 수 있도록 하면 좋겠어요. 참 꿈도 야무지죠? 그렇게 되면 아마 우리 내부에서는 바깥 문제 때문에 끌려 가지 않아도 되겠죠. 안에서 법치 같은 것을 제대로 하려고 해도 평화공존이나 교류협력에 반대하는 검찰 권력이나 국가정보원 권력이 강해지면 다 허사 아니에요. 지금까진 그런 일이 반복이 됐단 말이에요. 이제는 그러지 않고 내포적인 개혁을 통해 나갈 수 있는 조건을 만들면서 가려면 어떤 체제가 바람직할까? 우리 사회도 집단들이 다양화되어 있고 또 노동이나 자본도 상당한 역량을 가지고 있고 교육계, 문화예술계 다 자리를 잡아가고 있단 말이에요. 그러면 이런 것을 획일적으로 상부에서 탑다운(top-down) 식으로 통제하는 것이 아니라 바텀업(bottom-up) 식으로, 곧 아래에서 위쪽으로 진행하는 방향으로 사회가 움직이려면, 그것은 다당제일 수밖에 없을 것입니다. 다당제 그리고 우리 이남곡 선생님이 말씀하신 대로 연합 정치, 열린 정치 이런 것으로 갈 수밖에 없고, 이렇게 되면 여러 이해관계가 함께 합쳐져서 힘을 발휘하는 그런 정치체제가, 헌정체제가 되지 않을까 봅니다. 그래서 헌법 개정도 그런 큰 그림 속에서 이루어졌으면 하는 희망을 가지고 있습니다.

> 66 안에서 법치 같은 것을 제대로 하려고 해도 평화공존이나 교류협력에 반대하는 검찰 권력이나 국가정보원 권력이 강해지면 다 허사 아니에요. 지금까진 그런 일이 반복이 됐단 말이에요. 이제는 그러지 않고 내포적인 개혁을 통해 나갈 수 있는 조건을 만들면서 가려면 …이런 것을 획일적으로 상부에서 탑다운(top-down) 식으로 통제하는 것이 아니라 바텀업(bottom-up) 식으로, 곧 아래에서 위쪽으로 진행하는 방향으로 사회가 움직이려면, 그것은 다당제일 수밖에 없을 것입니다. 99

마지막으로 저도 우리 사회가 어떻게 갔으면 좋겠나? 어떤 나라에서 살고 싶은가에 대해 한 말씀 드리고 싶은데, 저는 그런 것 이전에 어떤 나라에서 살려면 최소한 이런 자세는 가져야 될 것이다 하는 쪽으로 정리를 하고 싶습니다. 1972년에 닉슨 대통령이 베이징을 방문해서 마오쩌둥 주석과 회담을 합니다. 어떻게 미국 대통령이 국교 수립도 안 된 베이징에 가서 마오쩌둥 주석과 회담을 하냔 말이에요. 그때 대만의 장제스 총통이 한 말이 있습니다. 처변불경(處變不驚)이란 말을 했는데, 아무리 위기가 닥쳐도 놀라지 아니한다는 말이죠. 저는 지금 이 말을 우리가 가슴에 새기고 지금 우리 주변에서 진행되는 사태를 지켜봐야 하지 않을까 합니다. 장제스 총통이 그 몇 년 뒤에 죽었어요. 그러니까 마오쩌둥 주석이 바로 자신의 원수임에도 장제스 총통이 '우리 중국을 위해서 크게 기여했다. 우리 모두 애도한다.' 이런 조의를 표했어요. 역시 큰 나라의 큰 인물들이었다, 그런 생각을 하게 됩니다. 우리도 나라는 크지 않더라도 이 한반도에서 동아시아의 평화, 세계의 평화가 시작될 수 있다는 생각으로 그런 넓은 마음으로 대응을 해야 하지 않을까 생각합니다.

1912년에 세계 최대 호화 여객선인 타이타닉 호가 침몰했죠. 그때 침몰하는 타이타닉 호에서 선장 선원과 건장한 남성들이 어린이들과 여성들을 먼저 구조선에 내보내고 자기들은 희생됐습니다. 그리고 2011년 대지진과 쓰나미로 일본의 후쿠시마 원전 폭발사고가 있었을 때 대피소에 수용이 됐던 피난민들 가운데 60대 이상 된 노인들이 얼마 남지 않은 생수를 전혀 마시지 않았어요. 오염되지 않은 물은 어린이들에게 먹여야 된다는 것이었죠. 저는 타이타닉 호 침몰사고 때 보여 줬던 공중의 자존심과 나이 먹은 일본인들이 보여 준 사회의 미래를 위한 배려가 인류의 미래를 밝히는 지혜라고 봅니다. 어린이들을 건강하게 키워야 한다, 우리들은 희생되어도 우리의 미래는 살아야 한다, 이 두 가지 사례가 지난번 세월호가 가라앉을 때 선장이나 선원들이 보였던 장면과 비교되어서 제 마음을 무겁게 만들었어요. 앞으로 얼마나 우리가 사회교육을 해야 우리 대중들이 이런 수준에까지 이를 수 있을까 그런 고민을 해봤습니다만, 그러나 이번 촛불시민혁명을 보면서 우리 시민의식도 그런 수준에 이르는 데 먼 시간이 걸리지는 않겠다는 생각을 하게 됐습니다.

고병권(사회자) 아, 시간이 굉장히 많이 돼서 마무리 말이 될 거 같은데요. 제가 요약을 하기는 좀 그렇지만 저에게 와닿는 말 중심으로 우리가 살고 싶은 나라에 대해서 선생님들께서 말씀해 주신 것을 나름대로 정리해 보려고 합니다.

촛불 얘기하면서 우리는 이 사회가 조금 나아지고 성숙해지는 것 같다고 했습니다. 예전에 제가 대학에서 민주주의 공부할 때는 민주주의 발전에 대한 이런 식의 도식이 있었습니다. 운동으로서 민주주의에서 제도적 민주주의로, 정치적 민주주의에서 경제적 민주주의로, 형식적 민주주의에서 실질적 민주주의로. 이런 식으로 민주주의가 성숙하고 발전한다고 했었습니다. 그런데 오늘 말씀에서 저는 민주주의의 성숙과 관련해서 훨씬 고급스럽다고 할까 섬세하다고 할까 하는 지향을 발견했습니다. 제가 오늘 느낀 건 이런 겁니다. 이부영 선생님께서 평화공존을 위한 대외 개혁과 시민들의 요구를 반영하는 대내 개혁에 대해 말씀하시면서, 큰 틀에서 공공의 자존심과 미래 세대에 대한 배려를 언급하셨어요. 우리 사회가 가져야 할 윤리적 책무랄까요. 어린이를 건강하게 키울 수 있고, 다른 사람에게 뭔가를 양보할 수 있는 그런 사회가 되어야 한다는 것 말입니다. 저는 여기서 민주주의의 성숙을 바라보는 새로운 차원을 생각하게 되었습니다. 정치적·제도적 민주화, 경제적 민주화만이 아니라, 윤리적 차원의 민주화가 있다는 겁니다. 민주주의의 윤리적 차원이랄까, 윤리적 민주주의랄까 하는 것 말입니다.

이와 관련해서 정성헌 선생님이나 강대인 선생님이 말씀을 해주셨던 부분에 제가 많이 와닿았던 것이, 당장의 제도라는 부분도 있지만 일상으로 좀 내려가야 한다는 것입니다. 특히 교육 말씀을 하셨는데요, 그것도 현장에서의 아주 구체적인 태도와 자세 같은 것 말입니다. 정성헌 선생님께서는 생명사회 실천 계획을 말씀하셨는데, 기초자치단체 수준에서 계획을 세워서 꾸준히 실행하는 것이었지요. 거대한 변환도 결국에는 구체적인 수준에서 실천하면서, 그것을 발판 삼아서 할 수밖에 없다고요. 그래서 우리의 민주주의는 인간사회 민주주의에만 머무는 게 아니라, 사물과 자연을 바로 대하고 생명을 제대로 대할 수 있는 그런 생명사회민주주의로 성숙해야 한다, 나는 우리가 살고 싶은 사회를 생명사회 민주주의라고 말하고 싶다고 하셨습니다. 이남곡 선생님께서는 활사개공이라는 표현을 쓰셨는데요, 개인의 다양성을 훼손하지 않고 개인의 다양성을 최대로 실현하는 것이 또한 공공성을 열어 주는 행위가 되는, 그런 면에서 개인의 생명력을 최대한 열어 주는 공공성, 아마 교육도 그런 쪽으로 나아가야 할 거 같은데요, 개인의 생명력을 최대로 키워서 만들어지는 공공성을 지향하는 사회가 필요하지 않겠느냐고 하셨습니다. 저는 이런 이야기들 모두가 통한다고 믿습니다.

> 66 우리 사회가 가져야 할 윤리적 책무랄까요. 어린이를 건강하게 키울 수 있고, 다른 사람에게 뭔가를 양보할 수 있는 그런 사회가 되어야 한다는 것 말입니다. 저는 여기서 민주주의의 성숙을 바라보는 새로운 차원을 생각하게 되었습니다. 정치적·제도적 민주화, 경제적 민주화만이 아니라, 윤리적 차원의 민주화가 있다는 겁니다. 민주주의의 윤리적 차원이랄까, 윤리적 민주주의랄까 하는 것 말입니다. 99

강대인 선생님이 말씀하신, 개인이 하루하루 일상의 의미를 부여할 줄 아는 사회, 모두가 줄 서서 성공하는 사람과 실패하는 사람으로 나누는 게 아니라 자기 행동의 가치를 스스로 부여할 수 있는 그런 사회도 이런 맥락에 있을 겁니다. 선생님께서는 여기서 인문학의 중요성을 말씀하셨는데요. 정말이지 인문학이 가질 수 있는 의의가 여기 있는 것 같습니다. 인문학이 돈을 만들어 주는 것도 아니고 무기를 만들어 주는 것도 아니지만 행동에 의미를 부여해 주는 데 중요하다는 것이죠. 선생님 말씀을 들으며 우리 사회 민주주의에는 이처럼 의미를 부여하는 일들이 더 필요한 거 아닌가, 어떤 일을 하든 우리 각자가 자신의 삶에 의미를 부여할 수 있는 그런 사회가 되어야 하는 게 아닌가 생각했습니다. 강대인 선생님께서는 더 나아가 우리가 살고 싶은 나라를 관계를 바르게 하고 소통을 바르게 하는 그런 나라, 말하자면 공동체와 인성, 인간, 생태,

자연(선생님께서는 탈사람 자연이라고 하셨는데요)이 서로 대화법을 아는 사회라고 말씀하셨습니다.

저는 이상의 선생님들 말씀을 정리하며 언젠가 정말 헌법 이야기를 한번 했으면 좋겠다는 말씀을 드리고 싶습니다. 헌법이라는 것이 한 사회가 지향해야 할 가치들, 약속들을 담는 것 아니겠습니까. 우리가 살고 싶은 나라라는 이 주제야말로 우리가 헌법에 담아야 할 가치에 대한 고민이기도 하니까요. 이제 제가 더 이상 덧붙일 말은 없고요. 혹시 선생님들 꼭 하시고 싶은 말씀이 있으신가요?

이부영 저희가 헬조선이나 이런 것을 만들어 놓은 장본인들이에요. 지금도 태극기집회 쪽에 가서 이런 이야기를 하고 싶은데, 우리가 젊은 분들에게 귀 기울이고, 우리가 그들을 어떻게 뒷바라지할까를 고민해야 해요. 그 길밖에 우리 사회에 기대할 게 없어요. 그걸 하지 않고, 사라져 가는 세대가 젊은 세대들의 요구를 빨갱이라고 하고 그렇게 억지를 부리면 이 나라 미래가 암담해요. 그 태극기 집회에 나가고 있는 분들이 아직도 이 사회의 상당 부분을 장악하고 있단 말이에요. 경제계라든지 언론이라든지 문화예술계나 이런 데까지 그분들이 그 가치관을 가지고 계속 밀어붙이면 큰일 나요. 그걸 어떻게 설득하고 극복해 가느냐, 그게 저희같이 양쪽에 낀 사람들이 할 일인 것 같아요.

> **❝** 우리 사회 민주주의에는 이처럼 의미를 부여하는 일들이 더 필요한 거 아닌가, 어떤 일을 하든 우리 각자가 자신

의 삶에 의미를 부여할 수 있는 그런 사회가 되어야 하는 게 아닌가 생각했습니다. 99

고병권(사회자) 그럼 이렇게 귀한 자리 마련해 주신 네 분 선생님께 감사의 말씀 드리고요. 오늘 '우리가 살고 싶은 나라' 좌담회는 여기서 마치도록 하겠습니다. 감사합니다.

에필로그

조성택

'이게 나라냐'

2014년 4월 16일 세월호 참사가 터졌을 때, 사람들은 '이게 나라냐'
고 했다. 그리고 2년여 후 박근혜·최순실 국정농단 사건이 터졌을 때 사
람들은 또 다시 '이게 나라냐'고 물었다. 물음이라고 하지만 딱히 대답할
주체가 있는 물음은 아니었다. 그렇다고 허공에 내던진 탄식만도 아니
었다. 분노와 자성의 표현이었다. 자라나는 세대들에게 한없이 부끄러

웠고, 책임져야 할 사람들의 무능과 뻔뻔함에 분노하였다. '우리가 살고 싶은 나라'(이하 우살나) 기획은 분노를 넘어 스스로 책임지고자 하는 마음에서 시작된 것이다. 자라나는 아이들에게 부끄럽지 않고, 우리 스스로가 살고 싶은 그런 나라를 만들어야 한다는 생각에서 출발하였다.

되돌아보면 우리는 우리가 살고 싶은 나라가 어떤 나라인가를 적극적으로 사유해 본 역사적 경험이 많지 않다. 20세기 초 우리는 '국가'라고 하는 형(形)이 없는 가운데 민족을 상상하고 국가를 사유해야 하는 처지에 있었다. "오등(吾等)은 자(玆)에 아(我) 조선의 독립국임과 조선인의 자주민임을 선언하노라"로 시작하는 「3·1독립선언서」의 내용이 바로 그러하다. 이 선언의 주체인 '오등'(吾等) 즉 '우리'는 국가가 없는 이들이었다. 당시 상해에 수립된 임시정부는 역사적 의미로서 '임시'일 뿐만 아니라 '국가'라고 하는 형(形)을 갖지 못한 정부였다. 1945년 '독립국'이 되었지만 뒤이은 분단과 전쟁으로 '우리가 살고 싶은 나라'를 차분하게 사유할 시간도, 기회도 가질 수가 없었다. '나라'는 이념으로 쪼개졌고, '우리'는 아군과 적군, 남과 북이라는 적대적 관계로 나뉘어졌다. 남쪽의 '우리'만으로 대한민국을 만들었고 반쪽의 '우리'는 4·19, 5·16, 5·18, 6·10 그리고 최근의 4·16, 10·29를 거치면서 또 다시 독재-반독재, 군부-민간, 지배수탈-민중, 민주-반민주, 보수-진보, 심지어 촛불-태극기에 이르기까지 '우리'와 '저들'이라는 이항 대립의 배타적 '우리'를 형성해 왔다. 백년이 넘는 지난 역사 속에서 '우리'란 늘 '저들'과의 대립을 상상하면서 형성되어 왔다. 반으로 쪼개지고 다시 반의 반으로 그 반이 다시 쪼개지는 양분과 분할의 역사였다. 쪼개졌던 '우리'가 함께 모이는 역사적 계기가 왔다. 함께 모인 '우리'가 촛불을 만들었고, 그 힘으로 대통령 박근혜를 심판하였다.

"피청구인 대통령 박근혜를 파면한다"

이정미 재판관이 낭독하였던 대통령 탄핵재판 판결문의 주문, "피청구인 대통령 박근혜를 파면한다"라는 문장에는 주어(主語)가 생략되어 있다. 파면을 결정하는 주체가 명시되어 있지 않은 것이다. 판결문 주문 문장에 생략되어 있는 주어가 이정미 재판관 자신을 뜻하는 '나'는 아닐 것이며, 판결에 참여하였던 재판관들을 뜻하는 것도 아닐 것이다. 주문에 생략되어 있는, 의미상의 주어는 '우리'라고 봐야 한다. 여기서 '우리'란 가장 좁게는 대한민국 국민을 의미할 것이다. "대한민국의 주권은 국민에게 있고, 모든 권력은 국민으로부터 나온다"라고 명시하고 있는 헌법 제1조 2항의 '국민'이 바로 박근혜 대통령의 파면을 결정한 주체다. 보다 적극적으로 사유한다면 주문에 생략되어 있는 그 '우리'는 2017년 3월 10일 현재 참정권을 가진 대한민국 국민만이 아니라 「3·1독립선언서」의 '우리'이며, 대한민국의 발전과 민주를 위해 노력해 온 사람들, 그리고 우리가 살고 싶은, 더 좋은 나라를 만들어 갈 미래의 한국인 모두를 포함하는 '우리'다. 좋은 나라를 만들고자 염원하고 노력해 온 과거, 현재 그리고 미래의 한국인 모두가 대통령 파면을 결정한 주체들인 것이다.

우살나, 새나라의 첫 출발이 되길

우살나의 '우리'란 '저들'을 상상하는 배타적 우리가 아니다. 나와 너, 과거·현재·미래, 모두를 포함하는 '우리'다. 지금까지의 적대적 공생이나 배타적 대립을 넘어선 '우리'다. 이상적으로 말하자면 인간만의 '우리'가 아니라 이 땅의 모든 생명을 포함하는 '우리'다.

이 책에 담긴 여러 논의들은 우살나의 첫 결과물이다. 결과물이라고 하지만 결론은 아니다. 우리가 살고 싶은 나라를 위한 논의를 여는 출발일 뿐이다. '이게 나라냐'라는 분노와 성찰이 촛불로 이어지고 새 정부를 열었듯이, 이 책의 여러 논의들이 우리가 살고 싶은 나라, 새 나라를 여는 출발점으로 기억될 수 있기를 바란다.

필자 소개(가나다 순)

강대인

연세대 문과대를 졸업하고 쾰른대 철학부(교육학)에서 수학했고, 재단법인 크리스찬 아카데미 부원장과 연세대 대학원 겸임교수(정치외교학과)를 역임했다. 현재 대화문화아카데미 원장으로 있다. 시민사회를 기반으로 지식인, 여론지도자들 중심의 사회적 대화를 통하여 사회문제를 해결하는 조사연구, 대화모임, 교육, 출판 등의 일을 해오고 있다. 최근에는 10여 년의 공동작업의 성과로 『대화문화아카데미 2016 새헌법안』을 마련했다.

고병권

서울대 사회학과 대학원에서 사회학 박사를 받았고, 오랫동안 연구공동체 수유너머에서 생활했다. 지금은 고려대 민족문화연구원 연구교수로 재직하고 있으며, 노들장애학궁리소 회원이기도 하다. 최근 저서로는 『다이너마이트 니체』, 『"살아가겠다"』, 『언더그라운드 니체』, 『철학자와 하녀』 등이 있다.

고세훈

연세대에서 경제학사를 취득하고 서울대에서 정치학 석사를, 미국 오하이오주립대에서 영국노동당 정치를 주제로 논문을 쓰고 정치학 박사를 취득했다. 현재 고려대 공공행정학부 명예교수로 있다. 지은 책으로는 『영국노동당사』, 『국가와 복지』, 『복지한국 미래는 있는가』, 『영국정치와 국가복지』, 『조지 오웰』 등이 있고, 옮긴 책으로는 『페이비언 사회주의』, 『존 메이너드 케인스』, 『기독교와 자본주의의 발흥』이 있다.

김동춘

서울대 사범대를 졸업하고, 같은 학교 사회학과에서 박사학위를 받았다. 『역사비평』 편집위원, 『경제와 사회』 편집위원장, 참여연대 정책위원장, 참여사회연구소 소장을 역임했으며 진실/화해를위한과거사정리위원회 상임위원으로 활동했다. 1997년부터 성공회대 사회과학부 교수로 재직하고 있다. 주요 저작으로는 『전쟁과 사회』, 『대한민국은 왜?』, 『팽목항에서 불어오는 바람』(공저), 『반공의 시대』(공저) 등이 있다.

김용규

현재 부산대 영어영문학과에서 가르치고 있다. 부산대 영문학과를 나와 고려대 영문학과에서 박사학위를 받았으며 부산대 인문학연구소 소장을 지냈다. 주된 관심 영역은 영미문화연구, 포스트식민주의, 세계문학론, 도시문화연구 등이다. 지은 책으로 『문학에서 문화로』, 『혼종문화론』 등이 있고, 옮긴 책으로는 『비평과 객관성』, 『백색신화』, 『아래로부터의 포스트식민주의』 등이 있으며, 엮은 책으로 『세계문학의 가장자리에서』가 있다.

김혜진

2000년 '파견철폐공동대책위원회'에서 시작한 비정규직 운동을 지금도 '전국불안정노동철폐연대'에서 계속하고 있다. '희망버스'를 함께 만들었고, '비정규직 없는 세상 만들기 네트워크'의 집행위원과 '장그래살리기운동본부' 정책팀장을 역임했다. 지금은 반월시화공단 권리찾기모임에서 중소·영세사업장 비정규직 노동자 조직화를 위한 정책을 마련하는 일에 함께하고 있다. 저서로는 『신자유주의에 맞서는 노동운동』, 『더 아래로, 더 왼쪽으로』, 『비정규사회』 등이 있다.

류은숙

1992년부터 2006년까지 '인권운동사랑방' 활동가로 일했다. 그후로 지금까지 '인권연구소 창'의 활동가로 있다. 두 단체 모두의 창립 구성원이다. 지은 책으로 인권의 역사를 살핀 『인권을 외치다』, 연대의 의미를 찾는 『사람인 까닭에』, 차이와 존중을 짚은 『다른 게 틀린 건 아니잖아?』, 인권으로 지은 밥과 술을 나누는 『심야인 권식당』, 일터 괴롭힘을 질타하는 『일터괴롭힘, 사냥감이 된 사람들』(공저), 한국사 회 주요 인권사건과 인권문헌을 연결한 『미처하지 못한 말-이제 마주하는 인권의 문장들』이 있다.

서동진

연세대 사회학과와 동대학원 박사과정을 졸업했다. 현재 계원디자인예술대 융합 예술학과 교수로 재직 중이다. 광주비엔날레 시각문화연구 저널 『눈』의 편집위원 장, 『문화/과학』 편집위원 등을 맡고 있다. 저서로 『디자인 멜랑콜리아』, 『자유의 의지, 자기계발의 의지』, 『변증법의 낮잠』, 『좌파가 미래를 설계하는 방법』(공저) 등 이 있다.

손호철

서울대 정치학과를 졸업하고 텍사스주립대학(오스틴)에서 석, 박사를 받았다. 서강 대 교수로 재직 중이며 사회과학대학장과 대학원장을, 『진보평론』 공동대표, 민주 화를 위한 전국교수협의회 상임공동의장, 진보정치세력의 연대를 위한 교수연구자 모임 상임공동대표, 국정원과거사위원회 위원(학계대표)을 역임했다. 저서로는 『한 국정치학의 새 구상』, 『근대와 탈근대의 정치학』, 『현대 한국정치-이론, 역사, 현실, 1945~2011』, 『촛불혁명과 2017년 체제』 등이 있다.

이남곡

본명 이계천. 서울대 법대를 졸업한 뒤, 1970년 농촌 지역 교사로 출발하여 8년 간 '교육실천연구회' 활동을 했으며, 1980년대 '새로운 인간, 새로운 사회, 새로운 문 명'에 대해 사상 이념적으로 모색했다. 불교사회연구소 소장을 역임했으며, 2004년 부터 현재까지 장수에 정착하여 인문운동을 수행하고 있다. 현재 연찬문화연구소 이사장으로 있다. 저서에 『진보를 연찬하다』, 『논어-삶에서 실천하는 고전의 지혜』, 『합작과 연정은 시대정신이다』 등이 있다.

이도흠

한양대 국어국문학과에서 박사학위를 받았으며 한국학연구소 소장, 계간『문학과 경계』 주간, 민교협 상임의장을 역임하였다. 현재 한양대학교 국어국문학과 교수, 한국기호학회 회장, 정의평화불교연대 상임대표, 계간『불교평론』편집위원장, 지순협 대안대학 이사장 재임 중. 지은 책으로『화쟁기호학, 이론과 실제』,『신라인의 마음으로 삼국유사를 읽는다』,『인류의 위기에 대한 원효와 마르크스의 대화』 등이 있다.

이부영

서울대 정치학과를 졸업했으며, 동아일보 기자로 있다가 해직당했다. 동아자유언 론수호투쟁위원회 대변인과 민주통일민중운동연합(민통련) 사무처장, 전국민족민 주운동연합(전민련) 상임의장을 역임했다. 그 이후 정계에 입문하여 통합민주당 부 총재, 한나라당 원내총무, 부총재, 열린우리당 의장직을 맡았다. 14,15,16대 국회의 원을 지냈다. 현재 동북아평화연대 명예이사장 및 동아시아평화회의 운영위원장을 맡고 있다. 저서로『희망의 정치로 가는 길』,『다시 서는 저 들판에서-이부영의 시 대과제』 등이 있다.

이재승

건국대학교 법학전문대학원 교수로 재직하며 법철학, 법사상사, 인권법, 이행기 정 의 등을 강의한다. 민주주의법학연구회를 기반으로 연구활동을 수행해 왔으며, 국 가 폭력의 청산과 사회민주주의의 혁신을 연구한다.『법사상사』(공저),『트라우마로 읽는 대한민국』(공저),『양심적 병역거부와 대체복무제』(공저),『국가 범죄』 등을 지 었으며,『죄의 문제』,『주체의 각성』을 우리말로 옮겼다.『국가 범죄』로 제5회 임종 국 학술상(2011년)을 받았다.

정성헌

고려대를 졸업한 뒤 40여 년 동안 가톨릭농민회 활동을 해왔으며, 우리밀살리기운 동 본부장, 민주헌법쟁취국민운동본부 상임집행위원, 민주화운동기념사업회 이사장 등을 역임했다. 현재 한국DMZ평화생명동산 이사장 및 남북강원도협력협회, 함께하는 경청(傾聽) 이사장을 맡고 있다. 지속가능한 산업의 토대인 농업 농촌을 살리는 길, 지구온난화에 대한 대책과 이를 위한 정치혁명과 교육개벽 실천 등에 특히 관심을 기울이고 활동하고 있다.

정욱식

고려대 정치외교학과를 졸업하고, 북한대학원대학교에서 군사안보 전공으로 석사학위를 받았으며, 2006년 9월부터 이듬해 8월까지 미국 조지워싱턴대 방문학자로 한미동맹과 북핵문제를 연구했다. 1999년 평화네트워크(www.peacekorea.org)를 설립했고 현재는 평화네트워크 대표와 프레시안 편집위원을 맡고 있다. 저서로는 『오바마의 미국과 한반도 그리고 2012년 체제』, 『김종대, 정욱식의 진짜 안보』, 『말과 칼』, 『사드의 모든 것』 등이 있다.

정일준

서울대 사회학과를 졸업하고 동대학원에서 박사 학위를 취득했다. 미국 하버드 옌칭연구소 방문연구원, 위싱턴 주립대, 대만 중앙연구원, 고베대 방문교수를 역임했다. 현재 한국사회사학회와 한국공공사회학회 회장이다. 계간 『경제와 사회』 편집위원장도 맡고 있다. 고려대 사회학과 교수로 재직 중이다. 공저로는 『한국 공공사회학의 전망』, 『한국의 민주주의와 한미관계』 등이 있고 옮긴 책으로는 『적이 사라진 민주주의』, 『현대성과 홀로코스트』 등이 있다.

조명래

단국대 법정대학을 거쳐 서울대학교 환경대학원에서 석사, 영국 서섹스대에서 석사와 박사학위를 취득했다. 한국 NGO 학회장, 계간 『환경과 생명』 편집인, 대통령직속 국가균형발전위원회·지속가능발전위원회 전문위원, 한국공간환경학회장 등을 역임했고 현재 단국대 사회과학대학 도시지역계획학과 교수로 재직 중이다. 저서로는 『녹색사회의 탐색』, 『현대사회의 도시론』, 『공간으로 사회 읽기: 개념, 쟁점과 대안』 등이 있다.

조성택

고려대 영문학과를 졸업한 뒤 동국대 대학원에서 인도철학을 전공했으며, U.C버클리에서 인도 초기 대승불교의 성립에 관한 연구로 철학 박사학위를 받았다. 스토니브룩 뉴욕주립대학 비교종교학과 조교수로 재직했으며, 미국종교학회 한국종교분과위원회 상임위원 및 위원장을 지냈다. 화쟁문화아카데미 대표이자 고려대 철학과 교수, 고려대 민족문화연구원 원장을 맡고 있다. 저서로『불교와 불교학: 불교의 역사적 이해』, 공저로『인생교과서 부처』, 『석전과 한암, 한국불교의 시대정신을 말하다』가 있다.

진태원

연세대 철학과와 동대학원 철학과를 졸업하고, 서울대 철학과 대학원에서 스피노자에 대한 연구로 박사학위를 받았다. 현재 고려대 민족문화연구원 HK연구교수로 재직 중이며,『황해문화』편집위원으로 있다. 저서로는『알튀세르 효과』(편저),『스피노자의 귀환』(공편) 등이 있으며, 자크 데리다의『법의 힘』,『마르크스의 유령들』, 에티엔 발리바르의『우리, 유럽의 시민들?』, 자크 랑시에르의『불화: 정치와 철학』 등을 우리말로 옮겼다.

하승수

변호사였지만 12년째 휴업 중이다. 참여연대, 풀뿌리자치연구소 '이음', 투명사회를 위한 정보공개센터에서 시민운동을 했고, 2011년 가을부터 5년간 녹색당 사무처장, 공동운영위원장을 맡았다. 지금은 정당득표율대로 의석을 배분하는 '연동형 비례대표제' 도입을 위해 활동하는 '비례민주주의연대'의 공동대표를 맡고 있다. 쓴 책으로는『껍데기 민주주의』(공저),『나는 국가로부터 배당받을 권리가 있다』,『삶을 위한 정치혁명』,『행복하려면 녹색』(공저) 등이 있다.

우리가 살고 싶은 나라

발행일 초판1쇄 2017년 6월 14일 | **엮은이** 진태원

펴낸이 유재건 | **펴낸곳** (주)그린비출판사 | **주소** 서울시 마포구 와우산로 180, 4층

전화 02-702-2717 | **이메일** editor@greenbee.co.kr | **신고번호** 제2017-000094호

ISBN 978-89-7682-264-2 03300

이 도서의 국립중앙도서관 출판시도서목록(CIP)은 서지정보유통지원시스템 홈페이지(http://seoji.nl.go.kr)와

국가자료공동목록시스템(http://www.nl.go.kr/kolisnet)에서 이용하실 수 있습니다.(CIP제어번호: CIP2017013536)

* 이 책은 2007년 정부(교육과학기술부)의 재원으로 한국연구재단의 지원을 받아 수행된 연구임.(NRF-2007-361-AL0013)